Schlemmereien
aus der Klosterküche

Schlemmereien
aus der Klosterküche

120 raffinierte Rezepte,
einst & heute

Marc Meneau
Annie Caen

Fotos von Daniel Czap

CHRISTIAN VERLAG

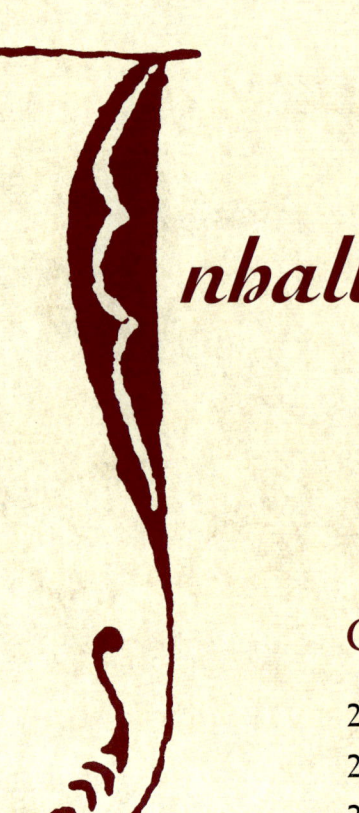

Inhalt

9 Historie

Gemüse

20 Die Klostergärten

23 Zuallererst Gemüse

24 Suppen, Salate und Breie

26 Rezepte

Früchte

48 Ein Hoch auf den Obstgarten

48 Früchte im klösterlichen
Speiseplan

50 Rezepte

Eier

68 Das Osterei

68 Eier – Grundnahrungsmittel
der Klöster

70 Rezepte

Käse

78 Welcher Käse ist keine
Erfindung der Mönche?

78 Käse – ein Verdienst der Klöster

79 Käse in der Fastenzeit

79 Die Namen der Käse

79 Der Käsekonsum in den Klöstern

80 Rezepte

Fisch

86 Das Fasten

86 Süßwasserfische

88 Meeresfische

88 Das Salz und Seine Majestät,
der Hering

89 Die Fastenzeit

90 Rezepte

Fleisch

116 Der heilige Benedikt – Mensch
mit Maß und Vernunft

116 Die „General-Kranken-
station"

118 Das Vorbild Cluny

119 Das sündige Fett

119 Der Festochse

120 Das Fleisch der Vögel

121 Kaum einmal Wild

122 Rezepte

Brot

146 Brot – ein heiliges
Nahrungsmittel

146 Das tägliche Brot

146 Das Klosterbrot

149 Das ungesäuerte Brot

150 Rezepte

Patisserie

156 Süßer Balsam in Zeiten
der Strenge

156 Ein Kalender des Feierns

158 Rezepte

Getränke

176 Die Weinvorschriften

177 „Wer guten Wein trinkt,
der sieht Gott"

177 Die Bedeutung des Weinbaus

179 Ein ganz besonderer Genuss:
Champagner

180 Die Herkunft des Cidre

180 Ersatzgetränk Bier

180 Schnäpse, Liköre, Heiltränke

181 Einige Klosterspezialitäten

181 Zu guter Letzt das Wasser!

182 Rezepte

186 Grundbrühen

187 Glossar

188 Bibliographie

188 Rezeptregister

190 Bildregister

Wenn nicht anders angegeben, sind die Rezepte für 4 Personen berechnet.

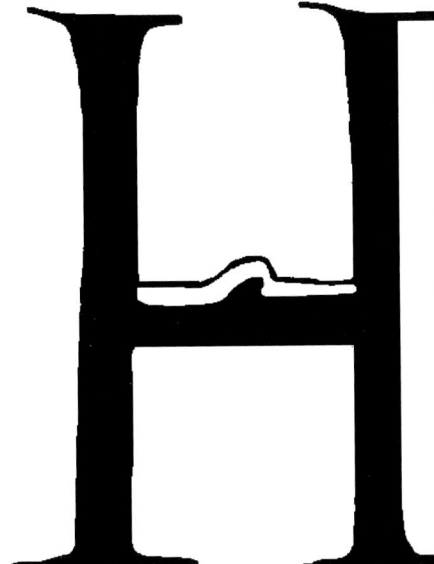

Historie

Eine abwegige, verfängliche, ja geradezu provozierende Vorstellung, ein Buch über die Esskultur der Mönche zu schreiben. Schließlich sind Klöster Orte der Stille und Innerlichkeit, und Essen gehört wohl kaum zu den Haupttätigkeiten jener klösterlichen Asketen, für die letztlich doch nur die spirituelle Nahrung zählt. Ein kühnes und schwieriges Unterfangen also, aber eine nicht minder reizvolle und verlockende Herausforderung. Wem ist nicht das Bild des gutmütig lächelnden, rund und wohlgenährten Mönches vertraut. Doch hat sich schon einmal jemand gefragt, warum dieser Mönch eigentlich so dick ist?

Bereits bei meinen ersten Gehversuchen auf diesem noch unbekannten Terrain – genauer gesagt im Kloster Cîteaux – erfuhr ich aus einem Schriftstück, das mir der Klosterbibliothekar zur Einsicht überließ, dass die Mönche zu Beginn des Mittelalters jedes Jahr hundertsechsundfünfzig Feiertage begingen, von denen jeder Einzelne einen willkommenen Vorwand zum Tafeln bot. Das fing ja gut an! Doch die Aussicht, eine Welt munterer Bonvivants zu schildern, die mehr an Kirchenfürsten erinnern als an selbstgenügsame Geistliche, die jedweden Appetit mechanisch und unterschiedslos mit Milch ertränken, stimmte mich keineswegs verdrießlich.

Dennoch hat sich im Verlaufe meiner zahlreichen „Eintritte" in verschiedene Klöster und des Studiums einer Vielzahl von Dokumenten über die Phase, die mich am meisten interessierte – nämlich das Mittelalter –, meine Sichtweise schnell und grundlegend gewandelt. Und auf diese Weise erhielt der schöne Ausspruch von Bruder Christophe, mit dem er die Genügsamkeit als „nüchterne Trunkenheit" beschrieb, schon bald einen ganz anderen Sinn.

Ich lernte Menschen kennen, die – wie jeder von uns – ihre Stärken und Schwächen, Tugenden und Laster haben; doch sie alle waren von großer Würde und Kultiviertheit, Menschen von Geist, strebsam und erfinderisch; Pioniere und Hüter der Tradition zugleich. Ihr Patriarch, der berühmte heilige Benedikt von Nursia, war der Begründer des abendländischen Mönchtums. Er wurde 480 n. Chr. in Italien geboren, wo er im Jahre 525 das Kloster Monte Cassino gründete. Papst Pius XII. nannte den Wegbereiter der spirituellen und kulturellen Einheit den „Vater Europas".

Und so brach ich schließlich auf, eher ehrfürchtig als skeptisch, zu meiner Entdeckungsreise auf den Spuren der Klosterküche, stets auf der Lauer nach den kleinsten Anzeichen einer kulinarischen Tradition, überliefert aus der griechischen Antike oder der galloromanischen Epoche und im Schutze klösterlicher Mauern bewahrt.

Doch warum gerade Klöster und nicht Herrscherhäuser, werden Sie fragen. Das wollte auch Bruder Soltner aus der Benediktinerabtei von Solesme wissen, der mir schrieb: „Sind die Verdienste des Hofes von Burgund auf diesem Gebiet nicht mindestens ebenso groß wie die der Klöster?" In der Tat ein Gedanke, der geeignet ist, die Überzeugungen ins Wanken zu bringen und den Eifer zu dämpfen, indes die Unbeirrbaren ihren Glauben nur umso entschlossener zu rechtfertigen suchen.

Es gibt einen grundlegenden Unterschied zwischen einem Fürstenhof und einer Abtei, der ihrer innewohnenden Geisteshaltung selbst entspringt. Ein Fürstenhof stellt seinen Reichtum zur Schau. Empfänge sind dort prunkvolle Bankette, zelebriert mit allem erdenklichen Pomp, und die Berge von Speisen sollen Zeugnis von der Macht des Gastgebers liefern. Die Quantität ist dabei das maßgebende Symbol der Autorität, während die Qualität nur eine untergeordnete Rolle für das Gelingen der Festlichkeiten spielt. Mit der monastischen Weltsicht hat das nichts zu tun! Ich habe jedenfalls noch keine Abtei mit prunkvollen, verspiegelten Galerien gesehen; und selbst wenn ein Abt auch gelegentlich eine vornehme und aristokratische Lebensweise pflegt und eine Vielzahl bedeutender Persönlichkeiten dieser Welt zu seinen Gästen zählt, so ist das allein Ausdruck klösterlicher Tatkraft und Dynamik. Er handelt lediglich im Dienste der Gastfreundschaft und der Rolle, die er als Lenker der Ordensgeschicke innehat, und unterstreicht so die ihm obliegende geistliche und politische Führung innerhalb des Ordens.

Links: Die Abtei Monte Oliveto Maggiore, 16. Jahrhundert. Mönche an einem Feiertag bei Tisch. An gewöhnlichen Tagen bedeckte das Tischtuch den Tisch nur zum Teil, damit die Gedecke nicht darauf standen.

Es ist dieser Geist der Gastfreundschaft gegenüber dem Reisenden, von dem, wie wir in den späteren Ausführungen noch sehen werden, das Streben nach Verfeinerung in diesen von Gottes Segen begleiteten Gemeinschaften getragen wurde. Wohlgemerkt, die kulinarische Verfeinerung unterliegt den Regeln des gemeinschaftlichen Lebens; umso überzeugter bin ich, dass zwei Dinge in diesem Zusammenhang untrennbar miteinander verbunden sind: die Kultiviertheit bei Tisch, mit anderen Worten gute Manieren und Umgangsformen, und die Verfeinerung der Kochkunst selbst. Ersteres scheint mir eine unentbehrliche Voraussetzung für wirkliche Esskultur zu sein.

Die Regel des heiligen Benedikt

Das ursprüngliche Regelwerk des monastischen Lebens – ich meine die Regel des heiligen Benedikt – verkörperte in einer Epoche, da Barbarei und Rohheit herrschten, den Kodex einer lauteren, verfeinerten Lebensform, die aus den Klöstern einen Hort des Friedens, der Ruhe und der gegenseitigen Achtung machte. Man stelle sich einmal vor, in der heutigen Zeit fußte jedes Gemeinwesen auf folgendem Satz des heiligen Benedikt: „Die Brüder sollen einander in gegenseitiger Achtung begegnen ... Im gegenseitigen Gehorsam sollen sie miteinander wetteifern" (Kap. 72, 4 – 6). Das Gegeneinander geriete zum Miteinander, und das tägliche Leben wäre um vieles angenehmer!

Der heilige Benedikt, der um die Schwierigkeiten des menschlichen Zusammenlebens wusste, erstellte also eine Reihe von Verhaltensregeln, um Zwietracht und Missklang zwischen den Brüdern zu verhindern, und so wurde das Kloster schließlich zu einem Musterbeispiel für rücksichtsvollen Umgang. Einige seiner Regeln seien hier festgehalten:

– Die sichere Beherrschung der Gebärden (Kap. 4, 56): Jede Ungeschicklichkeit wird bestraft, besonders bei Tisch (wehe dem, der sein Messer oder seinen Löffel fallen lässt!).
– Die Pünktlichkeit (Kap. 43, 13–16): Erscheint ein Bruder zu spät bei Tisch, so muss er sein Mahl getrennt von der Tischgemeinschaft an einem Tisch ohne Tischtuch einnehmen. Auch sein Anteil Wein wird ihm genommen.
– Die Schweigsamkeit (Kap. 38, 5): „Es herrsche größte Stille. Kein Flüstern, kein Laut sei zu hören." Das erklärt die Entwicklung der Zeichensprache, auf die in vielen Kapiteln angespielt wird. Je nach Kloster verständigt man sich mithilfe gewisser verabredeter Zeichen, um die für bestimmte Zeiten und Orte des Klosterlebens festgelegte Stille nicht zu stören.

> Wenn die Stunde der Speisen beginnt
> Mönche, kurz geschoren, eilen geschwind
> Und gebärden sich mit wirren Zeichen
> Den Mündern will kein Wort entweichen
> Und wer würde wirklich meinen
> Dass sie dennoch zu sprechen scheinen.

GEDICHT EINES STRASSENSÄNGERS VON NOTRE-DAME

– Die Reinlichkeit: Vor dem Betreten des Refektoriums hat sich der Mönch im *ablutorium* die Hände zu waschen.
– Tischordnung: Jedem Mönch wird entsprechend seinem Alter ein Platz zugewiesen.

Im Refektorium verharren die Mönche bis zur Ankunft des Abtes aufrecht und regungslos hinter ihrem Stuhl. Das Tischtuch ist nach präziser Vorschrift zusammengefaltet. Die Verteilung der Speisen vollzieht sich nach einer genau festgelegten Ordnung. So werden beispielsweise beim ersten Gang die Ältesten zuerst bedacht, während beim zweiten Gang die Jüngsten den Anfang machen. Die Mahlzeit hat einen feierlichen Charakter, sie ist eine Art gemeinsame Kommunion, begleitet von Psalmen, Gebeten und Tischlesungen.

Gute Manieren beginnen bei Tisch

– Der Mönch speise andächtig und schicklich, ohne den geringsten Laut zu verursachen.
– Er trinke, indem er die Schale mit beiden Händen halte, ebenfalls ohne einen Laut zu verursachen. „Er trinke in der Art einer Taube." Ist das nicht ein bezauberndes Bild voller Zartheit und Empfindsamkeit?
– Er berühre nicht das Tischtuch.
– Er breche das Brot mit beiden Händen, ohne dass Brosamen zu Boden fallen.
– Er nehme das Salz mit dem Messer.
– Er lasse keine Speisereste auf seinem Teller zurück und danke dem Bruder, der ihn bedient hat, mit einer Verneigung.
– Nach Beendigung der Mahlzeit werden die Brosamen mit einem Messer oder einer eigens dafür vorgesehenen kleinen Bürste zusammengesammelt (samstags wird daraus ein Pudding für die Armen bereitet).
– Das Messer ist am Brot abzustreifen.
– Das leere Glas ist mit zwei Fingern auszuwischen und mit dem Tischtuch zu bedecken.
– Sobald der Abt das Zeichen gibt, beende der Mönch seine Mahlzeit, erhebe sich, verharre aufrecht vor dem Tisch, spreche sein Dankgebet und ziehe sich schweigend zurück.
– Das nenne ich zehn klar formulierte Gebote!

Doch wohin ziehen sich die Mönche zurück? Etwa zu weiteren Gebeten? Weit gefehlt! Die halbe Nacht haben sie mit den Vigilien zugebracht, dann bei der Matutin (Mette) oder den Laudes (Lobpreisungen), bei Prim, Terz und Sext (Prim ist das Morgengebet um 6.00 Uhr früh, Terz das Brevier um 9.00 Uhr und Sext das Brevier um 12.00 Uhr). Ihnen gebührt erst einmal eine Ruhepause! Ja wirklich, die Brüder gehen Siesta halten, die Glücklichen. Sie ruhen sich auf ihrem Bett aus, bis die Glocke zur None, dem nachmittäglichen Stundengebet um 15.00 Uhr ruft.

In der Ordensregel der Benediktinerabtei Fleury aus dem 13. Jahrhundert wurde dieses so geschätzte Privileg mit einer sehr anschaulichen und romantischen Metapher umschrieben: „Siesta halten" hieß „faire la méridienne" – frei übersetzt: die Mittagslinie überschreiten. Doch leider: Die Milde eines Mittagsschläfchens widerfuhr den Brüdern nur einen Teil des Jahres, nämlich vom Palmsonntag (Sonntag vor Ostern; Beginn der Karwoche) bis zum Michaelistag (29. September).

Was kommt auf den klösterlichen Esstisch?

Mönche schätzen gute Kost, daran gibt es keinen Zweifel. Was sollte auch sonst der umfangreiche Tischknigge? Auf der anderen Seite sind sie strengen Fastenzeiten unterworfen, und so ist es nur folgerichtig, dass die Feiertage von aller Feinheit und Erlesenheit der Speisen geprägt sind, die ihnen erlaubt sind (und in manchen Fällen auch durch eine Lockerung der äußerst strengen Gebetspflicht). Eine perfekte Symbiose zwischen Feiertag und Tafelfreude.

Es gibt zahlreiche Hinweise in den Ordensregeln der Klöster, die von großer Achtung gegenüber den Lebensmitteln zeugen; zum Beispiel die präzisen Angaben zur Biertemperatur: „Es darf im Sommer nicht zu warm, im Winter nicht zu kalt serviert werden." Beim Salz sollte über den Feuchtigkeitsgehalt gewacht werden: „Beginnt es zu klumpen, so tausche man es aus." Saubohnen müssen auf den Punkt gegart sein... Und was die Küchen anbetraf, so waren diese mit steinernen, über Holzkohlefeuer erhitzten Rechauds ausgestattet, auf denen die Schüsseln warm gehalten wurden, bevor man sie ins Refektorium brachte.

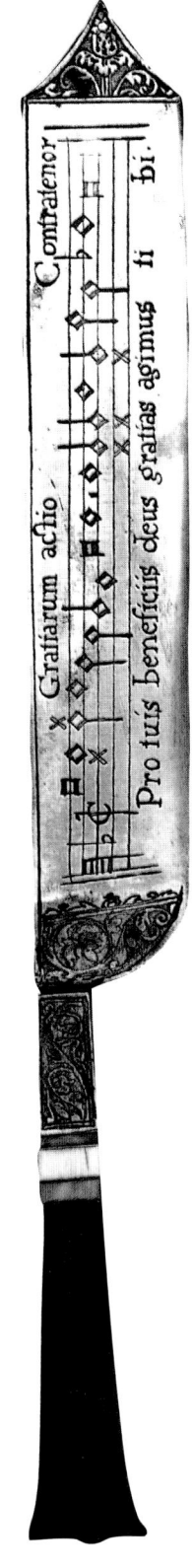

Refektoriumsmesser aus dem 16. Jahrhundert. Jeder Mönch trug sein eigenes Messer am Gürtel bei sich.

Diese Kleinigkeiten zeigen die Bedeutung, die den Küchendingen und ihrer Handhabung beigemessen wurde. Und selbst in Orden mit ausgeprägtem Hang zur Kasteiung, wie etwa bei den Trappisten, richteten die Mönche ihren ganzen Einfallsreichtum darauf, die Monotonie der täglichen Mahlzeiten zu durchbrechen, und das war selbst im Sinne ihres gestrengen Begründers, Armand-Jean le Bouthillier de Rancé, der seinen Mönchen nicht über Monate den gleichen Speisezettel zumuten wollte.

Die Mahlzeiten des gewöhnlichen Alltags

Im Allgemeinen setzte sich im 11. Jahrhundert die gegen Mittag eingenommene Hauptmahlzeit wie folgt zusammen: zwei Schüsseln mit gekochten Speisen (eine mit Saubohnen, die andere mit einem weiteren Gemüse), eine Schüssel mit einem rohen Gemüse oder Obst, ein Pfundlaib Brot und eine *hemina* Wein. Hinzu kamen noch je nach Wochentag eine Ration (*Pietanz*) Käse und Eier (jeweils Montag, Mittwoch und Freitag) oder eine Portion (*Generelle*) Eier (Dienstag und Samstag) oder Fisch (Donnerstag und Sonntag). Eine *Pietanz* wurde jeweils von zwei Mönchen geteilt, während eine *Generelle* jeder Einzelne erhielt.

Zu bestimmten Zeiten im Jahr gab es an Feiertagen abends eine zweite, sehr schlichte Mahlzeit, die entweder aus Brot und Wein, aus Kuchen oder wie in Fleury aus Forelle bestand. Zur Fastenzeit wurde die einzige Mahlzeit des Tages gegen 15.00 Uhr zur Gebetsstunde der None eingenommen. Der Begriff Kollation (Imbiss) stammt von jener kleinen Stärkung, die gelegentlich zum Abend gewährt wird: Der klösterliche Brauch sieht nach den Empfehlungen des heiligen Benedikt gemeinsame abendliche Lesungen der Texte des Johannes Cassian vor, die so genannten *Collationes*. Cassian gründete Anfang des 5. Jahrhunderts das Kloster St. Victoire in Marseille, das bis zu fünftausend Mönche beherbergte. Ursprünglich waren die abendlichen Zusammenkünfte ausschließlich den Lesungen gewidmet; aber mit fortschreitender Zeit setzte sich der Brauch durch, nach dem Lesen einen kleinen Imbiss zu sich zu nehmen, der seinen Namen „Kollation" den gelesenen Texten verdankt.

Klöster – die ersten Gastronomiebetriebe

Im 9. und 10. Jahrhundert beherbergten Klöster im Durchschnitt dreißig bis hundert Religiosen. Die Zahl konnte aber auch wie im 12. Jahrhundert in Cluny bis zu vierhundert Ordensgeistliche erreichen. Sie unterrichteten die Kinder, pflegten die Kranken und Alten, beherbergten Pilger und Reisende und boten Zuflucht den zerbrechlichen Seelen. Sie organisierten Generalkapitel (Versammlungen der Ordens-Generalate), auf denen das gesamte europäische Mönchtum zum geistigen und geistlichen Austausch zusammentraf – ein beeindruckendes Beispiel der Nachrichten- und Wissensverbreitung. Selbst Päpste nutzten gelegentlich diese Versammlungen zu geheimen Beratungen über die politischen Belange des Christentums. So war jedes Kloster ein spiritueller Brennpunkt, doch ebenso ein industrielles und landwirtschaftliches Zentrum, ein Ort sozialen Handelns, Verwaltungszentrum und Finanzmacht. Während des gesamten Mittelalters waren Klöster *der* wirtschaftliche Motor und ihre Äbte das Unternehmertum Europas.

Um den vielfältigen Ansprüchen ihrer bedeutenden Rolle zu genügen, waren die Mönche gezwungen, in den verschiedensten Bereichen zu echten Experten zu werden: Ackerbau, Forstwirtschaft, Gärtnerei, Obst- und Gemüseanbau, Viehzucht, Imkerei, wissenschaftliche Forschung und Literatur. Einige Klöster beherbergten bis zu zweitausend Handschriften. Im 12. Jahrhundert pflegte man zu sagen: „Ein Kloster ohne Bücher ist wie eine Festung ohne Nahrungsmittel."

Diese Zentren reger Aktivitäten waren straff und hierarchisch organisiert. Jeder hatte eine präzise festgelegte Funktion. An der Spitze jeder dieser „Lebensinseln" stand der Abt, unterstützt vom Prior und dem Subprior in der Funktion der Stellvertreter. Dann folgten Propst, Kantor, Vorsänger, Sakristan (Mesner), Armarius (Bibliothekar), Zirkateur (Wächter), Cellerar (Wirtschaftsverwalter, im Deutschen auch „Schaffner"), Kammerherr, Gastmeister, Refektoriar, Brotverwalter, Infirmar (Krankenwärter), „Bruder Bacchus", Novizenmeister (Schulmeister), Gärtner, Kaplan ...

Rechts: **Die Klöster** besaßen ausgedehnte landwirtschaftliche Güter. Wo der in Quadrate unterteilte Garten endete, begannen die Obstwiesen.

Doch verweilen wir einen Moment beim Gastmeister, dessen Tätigkeit für uns von ganz besonderem Interesse ist. Seine Aufgabe war von großer Bedeutung, denn Persönlichkeiten von Rang pflegten damals mit einer stattlichen Eskorte zu reisen. Dazu gehörten Knappen, Diener, Dragoner, ja selbst Gaukler. Ein Erzbischof reiste mit einem Gefolge von bis zu fünfzig Pferden; ein Bischof brachte es immerhin noch auf dreißig Pferde. So verlangten Besuche, Empfänge, der Kontakt mit der Weltlichkeit und die jährlichen Generalkapitel nach einem wirklichen Bewirtungs-Management, an dessen Spitze der Gastmeister der Oberen stand.

Der Gastmeister der Oberen, gleichsam der Wirt der „Vips", hatte die Aufgabe, Ankunft und Aufenthalt der Reichen und Mächtigen zu organisieren. Er beherrschte die Kunst der Gastlichkeit und traf Sorge, dass es den Gästen an nichts fehlte. Für sie öffneten sich die Empfangssäle, die herrschaftlichen Gemächer des Gästehauses und erstrahlten die Tafeln mit allen Köstlichkeiten dieser Welt. Nehmen wir zum Beispiel das Festmahl des Dominikanerordens in Avignon anlässlich der Krönung von Papst Klemens VI. am 19. Mai 1344:

„Man hatte die Köche sämtlicher Kardinäle einbestellt, 14 Schlachter damit beauftragt, das Fleisch zu parieren, 80 Kellner *(garciferos)* eingestellt, um Wasser zu tragen und bei Tisch zu bedienen. Man hatte 80 *saumées* (südfranzösisches Kornmaß) Weißbrot bestellt (ein jedes umfasste 500 Brote); 100 mit Kitteln in den Farben des päpstlichen Wappens bekleidete Männer taten an den Türen der Klostergebäude Dienst. Fleisch: 118 Rinder, 1 023 Hammel, 101 Kälber, 914 Ziegen, 60 Schweine, 68 Doppelzentner Speck und Salzfleisch. 15 Störe, 300 Hechte, 1 500 Kapaune, 3 043 Hühner, 7 428 Hähnchen, 1 446 Gänse. Man kaufte 12 Steinmörser zum Zerstoßen des Knoblauchs und der Sardellen. Käse im Doppelzentner. 50 000 Kuchen wurden gebacken, deren Zubereitung 3 250 Dutzend Eier, 36 100 Äpfel und 4 000 frische Mandeln verschlang. Zusätzlich zu dem, was das Magazin des Klosterverwalters hergab, mussten 325 Kannen, 55 000 Krüge, 2 500 Fläschchen, 5 000 Trinkgläser und 26 000 Schalen angeschafft werden."

Oder nehmen wir die Tafel Ludwig IX., des Heiligen, von 1248:

„Das Mahl wurde mit Kirschen eröffnet, dann folgten frische, gepalte und in Milch gekochte Saubohnen. Danach eine Aalpastete, Milchreis mit Mandeln und Zimt, anschließend gebratener Aal mit einer grünen Sauce; Kuchen, Gebäck und Früchte" (Funck-Brentano).

Der heilige Thomas von Aquin, der zu Gast bei Ludwig IX. war, verschlang gierig das ganze für die Tafel zubereitete Meerneunauge, ohne ein Wort von sich zu geben, derart versunken war er in Reflexionen über seine *Summa.* Nachdem der letzte Bissen in seinem Schlund verschwunden war und ein jeder ihn fassungslos anstarrte, sagte er, noch immer vertieft in seine geistigen Übungen: „*Consommatum est.*"

Doch nicht immer wurden die Vorratskammern gefüllt und die Spicknadeln gezückt, um Gästen einen fürstlichen Empfang zu bereiten. So wurde Papst Innozenz zum Beispiel 1131 in Clairvaux in aller Schlichtheit empfangen, wie Ernaldus in seinem Buch „Vom Leben des Bernhard von Clairvaux" berichtet: „Es kostete große Mühe, einen Fisch aufzutreiben, um ihn dem Papst zu servieren, und den Mönchen blieb gar nichts als sein Anblick." Bei jenem Bankett „wurden die Steinbutte durch Gemüse ersetzt; ja eigentlich gab es nur Gemüse. Anstelle des Extra-Weines wurde dem Heiligen Vater eine magere Suppe gereicht." Doch das war die Ausnahme. Die Abtei war eben noch jung und arm.

Der Gastmeister der Armen stand im Dienst der am Eingang des Klosters befindlichen Herberge. Er wurde unter den Konversen ausgewählt (zum asketisch-mönchischen Leben Bekehrte, die nicht in einem Kloster aufgewachsen und daher besser mit den Widrigkeiten der Außenwelt vertraut waren). Er sprach den Armen Trost zu, bestärkte die Pilger, gewährte ihnen Kost und Logis, füllte ihre Feldflasche mit Wein und versah sie, falls nötig, mit Kleidern und Schuhen.

Der *coquinarius* bezeichnet den Koch. Keine einfache Aufgabe, wie man sich unschwer vorstellen kann! So viele Menschen zu verköstigen! Schon der heilige Benedikt war sich der besonderen Mühsal, die den Arbeitsalltag des Kochs bestimmte, bewusst und gewährte diesem „Erleichterung". Gemessen an der hymnischen Huldigung, die dem Koch in der Ordensregel von Eynsham zuteil wird, ist das allerdings eine eher einsilbige Würdigung seiner Verdienste: „Der Koch ist von bescheidenem Herzen und gütiger Seele, durchdrungen von Barmherzigkeit, unnachsichtig gegenüber sich selbst, großherzig gegenüber anderen, Samariter gramerfüllter Seelen, Zuflucht der Kranken; maßvoll und zurückhaltend, er ist der Schild der Armen, Vater der Kommunität und stets mit wachsamem Auge auf den Cellerar."

Mönchsrefektorium, Mont-Saint-Michel. Die Akustik des Raumes verleiht der Stimme des Tischlesers eine außergewöhnliche Intensität.

Dieser große Wohltäter hatte unter anderem das Privileg, darüber zu wachen, dass die Vorratskammer stets gut bestückt war, und er verwahrte den Schlüssel zu ihrer Tür, um jeglicher Versuchung der Ordensbrüder zuvorzukommen. Der umfangreiche Aufgabenbereich des *coquinarius* war je nach Orden recht unterschiedlich. So gehörte es bei den Kartäusern neben der Herstellung und Verteilung des Weines und der gewöhnlichen Speisen auch zu seinen Pflichten, die Kranken zu besuchen, über die Kirche und die Tür des Hauses der Ordenspriester zu wachen sowie die gemeinschaftlichen Geräte und Werkzeuge und das klösterliche Mobiliar zu pflegen.

Die großen Abteien, die auf etwas größerem Fuß lebten, beschäftigten bis zu vier Köche: einen für die Mönche, einen für die Laienbrüder, einen weiteren für die Gästebewirtung und manchmal noch einen für die Krankenabteilung. Fanden sich unter den Brüdern keine geeigneten Köche, so wandte sich das Kloster an weltliche Vertreter der Zunft, mit „gutem Leumund und untadeligem Lebenswandel". Selbst Köche, die auf die Zubereitung von Fisch, Süßspeisen oder Pietanzen spezialisiert waren, wurden rekrutiert.

Bei Großklöstern denkt man unweigerlich an Cluny, jene Benediktinerabtei, die im 11. Jahrhundert das Zentrum des abendländischen Mönchtums war (ihre Kirche, deren Errichtung von 1098 bis 1198 ein ganzes Jahrhundert dauerte, fasste bis zu dreißigtausend Gläubige). Meist ist es Cluny, das als Beispiel für Überfluss und Mannigfaltigkeit bei der Beköstigung bemüht wird. Bernhard von Clairvaux widmete sich diesem Thema in seiner *Apologia ad Guillelmum,* doch hat ihn wohl die Rivalität zwischen Benediktiner- und Zisterzienserorden ein wenig zur Übertreibung verleitet. Die Vermutung liegt jedenfalls nahe, denn schon ein Jahrhundert zuvor wies Kardinal Pierre Damien (988–1072) auf den reich gedeckten Tisch in Cluny hin, allerdings nicht, ohne auch die kulinarische Schlichtheit der Fastentage festzuhalten.

Doch lauschen wir den Ausführungen des heiligen Bernhard: „Bei Tisch ist die Luft erfüllt von albernem Geschwätz, Gelächter und leerem Gerede, und so gierig die hungrigen Schlünde die Speisen verschlingen, so begierig berauscht sich das Ohr an den Belanglosigkeiten" (IX, 19).

„Unaufhörlich folgt Schüssel auf Schüssel, und als Ersatz für das Fleisch, dessen man sich enthält, werden kurzerhand die üppigen Fischportionen verdoppelt, gleichwohl besorgt, dass nicht schon der erste Gang zur Sättigung führen und man auch von den folgenden nehmen möge; und vorsorglich, als hätte man noch keinen Bissen angerührt, tragen die Köche unablässig Weiteres herbei. Auch nachdem man zwischen vier oder fünf Vorspeisen gewählt hat, gestatten sie keinen Anflug von Sättigung. Der Gaumen wird mit neuen Gewürzen umworben und vergisst sogleich die bereits erfahrene Behandlung. Und dank der fremdartigen Saucen wähnt man sich beim Fasten und verlangt begierig nach Abwechslung" (IX, 20).

Da die natürlichen und einfachen Produkte uns kaum verlocken und eintönig erscheinen, erklärt Bernhard, verwerfen wir sie im Namen aufwendiger Zubereitungen, die uns zur schieren Gefräßigkeit verführen. Man überschreitet die Grenzen des Notwendigen, ohne jemals Erfüllung zu erlangen.

Dass der Reichtum der kluniazensischen Speisen hier mehr oder weniger treffend wiedergegeben wurde, ist wahrscheinlich; sicher ist zumindest, dass die Mahlzeiten – wann irgend möglich – von gediegener Qualität waren. Doch wo übten die Köche ihre Kunst eigentlich aus?

Die Klosterküchen

Die Küchen der Klöster waren gewöhnlich aus Stein, um jegliche Brandgefahr von vornherein auszuschließen, und lagen isoliert, damit die anderen Räumlichkeiten von den Küchendünsten verschont blieben. Sie waren von kreisrunder oder achteckiger Form mit einem kegelförmigen Hauptschornstein in der Mitte, der die Hitze ableitete und für ausreichenden Zug im Herdfeuer sorgte. Fenster gab es nicht, dafür jedoch häufig kleine, in Stufen angelegte Öffnungen im Mauerwerk. Die Köche arbeiteten im Schein des Herdfeuers oder im Licht von Fackeln. Die Feuerstelle war mit großen Spießen versehen und mit Haken, an denen das Kochgeschirr hing.

Die Größe dieser eindrucksvollen Werkstätten hing von der Bedeutung des Klosters ab. Die Küche von Fontevrault konnte im 12. Jahrhundert täglich bis zu fünfhundert Personen verköstigen. Man kann sich lebhaft vorstellen, wie die verführerischen Essensgerüche aus dem Schornstein krochen, um die frommen Nasen der betenden Mönche zu kitzeln, ein sündhafter Duft der Versuchung, der sich nach Belieben im Luftstrom hin und her bewegte.

Die Küche des Klosters Marmoutier. Da sie keine Fenster besaß, war sie mit einem trichterförmig zulaufenden, in den Hauptschornstein mündenden Dach versehen, in das noch weitere Nebenschornsteine eingelassen waren.

Aus der traditionellen Klosterküche auf unseren Tisch

Die Geschichte der Klöster, wenngleich nur abrissartig erzählt, wird Marc Meneau Gelegenheit geben, seine Rezepte vorzustellen, Rezepte, die – im Einklang mit dem mönchischen Geiste – vor allem eines sind: einfach und raffiniert. Die verwendeten Produkte werden in ihrer natürlichen Beschaffenheit geachtet (nicht verfälscht, wie der heilige Bernhard über Cluny berichtet). Dabei nutzt Meneau die ganze Palette klösterlicher Produkte, die, wie wir noch sehen werden, von großer Vielfalt und bester Qualität waren, besonders was Gemüse, Früchte und Fisch angeht; und er verarbeitet sie stets im Bewusstsein der Grundsätze jener langen Epoche, die bereits im 5. Jahrhundert begann, hauptsächlich aber vom 10. bis zum 15. Jahrhundert reichte. Historische Zutaten, die heute vom Küchenzettel verschwunden sind, werden durch andere, unter Wahrung ihrer ursprünglichen Beschaffenheit, ersetzt.

Diese Vorgehensweise soll sicherstellen, dass alle Rezepte auch heute noch nachzuvollziehen sind. Wir sahen wenig Sinn darin, Ihnen einen Salat aus der essbaren Wurzel der Glockenblume oder ein Ragout aus Rautenblättern als Anregung vorzuschlagen. Wohingegen eine mit Mandeln oder zerstoßenen Haselnüssen gebundene oder eine grüne, mit dem Saft von Petersilie gefärbte Sauce oder auch eine Birne mit Kräutern durchaus ihren Reiz haben kann. Lenken wir also unseren Blick über den gewohnten Tellerrand hinaus, und schärfen wir unseren Geschmackssinn! Dieses Buch möchte Ihnen eine ganz neue kulinarische Welt eröffnen, eine Art Rückkehr zu den Quellen mit zeitgemäßen Rezepten auf der Grundlage jener naturbelassenen Produkte, die man heute als biologisch bezeichnet.

Denn wer hatte schon ideale Voraussetzungen für die Entwicklung einer guten Küche, wenn nicht die Mönche? Sie waren erfahrene Erzeuger, besaßen die besten Anbaumethoden, das beste Saatgut; sie düngten den Boden mit dem Mist ihres eigenen Viehs und verfügten so über die denkbar besten Produkte – die seit jeher die Grundlage einer wirklich guten Küche sind. Wer hat heute schon das Privileg, in den Genuss eines frisch geernteten Salates zu kommen, gezogen in nährstoffreicher Erde und mit klarstem Quellwasser gewässert? Man bekommt sogleich eine Ahnung von der knackigen Frische der Gemüse und von vergessenen Genüssen längst vergangener Zeiten ...

Das Streben nach Qualität hat leider nicht bis in unsere Zeit überdauert; und wer weiß, was erst die Zukunft bringt! Welchen Geschmack werden sie haben, die genetisch veränderten Produkte der „Food-Designer", der Käse geklonter Schafe, die Milch transgenetischer Ziegen, die viereckige Tomate, der blaue Pfirsich oder der leckere Kuchen „mit Schokoladengeschmack", ohne Schokolade, versteht sich, vielmehr maskiert durch die Alchimie künstlicher Aromen?

Aus heutiger Sicht erscheint uns die Klosterküche des Mittelalters von einer ursprünglichen Natürlichkeit, die wir heute wieder suchen, von einer Einfachheit, nach der wir zunehmend wieder streben, gehören doch die Zeiten, da man stundenlang in der Küche zubrachte, der Vergangenheit an; und sie scheint von einer Raffinesse, die nicht mehr und nicht weniger ist als ein augenzwinkerndes Zugeständnis an unseren Feinsinn. So ist das Bedürfnis nach Rückbesinnung auf die Quelle des Spirituellen eine wohl ganz zwangsläufige Reaktion in der materialistisch geprägten Welt, die uns umgibt. Und ich hoffe, dass der gedeckte Tisch noch lange ein Ort geselliger, freundschaftlicher und familiärer „Abendmahle" bleiben wird, ein Ort der Wahrhaftigkeit und Schlichtheit, der Freude für Gemüt, Gaumen und Geist. Denn es ist der Esstisch, der den Lauf der Jahreszeiten spiegelt, die Alkuin (735–804), jener angelsächsische Mönch, der sich nach Saint-Martin de Tours zurückgezogen hatte, so poetisch umschrieb:

> *Der Winter: Exil des Sommers,*
> *Der Frühling: Schöpfer der Blütenpracht,*
> *Der Herbst: Kornkammer des Jahres ...*

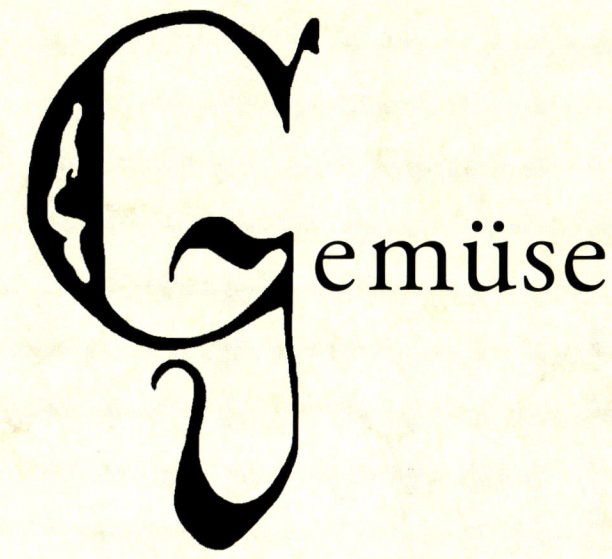

Gemüse

Dem heiligen Fiacrius,
Schutzpatron der Gärtner

Die Klostergärten

Welche Freude, die Gärten der Klöster zu erkunden! Ein Spaziergang, der die Augen beglückt, die Nase mit Wohlgeruch erfüllt und die Seele durch und durch mit Schönheit, Ruhe und Frieden durchdringt. Wird nicht in den meisten Religionen das Paradies durch einen Garten dargestellt? Im frühen Mittelalter befanden sich diese irdischen Paradiese an einem magischen, von den ihn umschließenden Gebäuden geschützten Ort: dem Kreuzgang. Was für ein wundervolles Ambiente, um einen Garten anzulegen!

Diese sorgsam kultivierten Flächen waren jedoch kein schmückendes Beiwerk, sondern von lebenswichtigem Nutzen für die Abtei. Sie versorgten sie mit Nahrung und den nötigen Heil- und Pflegemitteln. Später dann, als das Gelände innerhalb des Kreuzgangs zu klein wurde, wuchsen die Gärten über die Abtei hinaus, wo sie von schützenden Mauern umfriedet wurden. Die Mönche schätzten die Gärten auch als Orte zur Einkehr, Kontemplation und zum Gebet.

Als Vorbilder für ihre Gärten dienten den Klöstern die Anlagen von Canterbury, die Theodor, Erzbischof von Canterbury, im 7. Jahrhundert gestaltete, und die etwas bekannteren von Sankt Gallen aus dem Jahre 820. Letztere geben eine Vorstellung von einem typischen Klostergarten: Nahe dem neben dem Ärztehaus gelegenen Aderlassraum betrat man das Quadrat mit den Heilkräutern, das *herbularius* genannt wurde. Hier wurden sechzehn verschiedene Pflanzenarten kultiviert. Nicht weit von den Küchengebäuden befand sich der Gemüsegarten, *hortus* genannt, der aus achtzehn aneinander gereihten Rabatten mit verschiedenen Gemüse- und Aromapflanzen bestand. Dazwischen lag der Obstgarten, bepflanzt mit Apfel-, Birn- und Pflaumenbäumen, Mispeln, Lorbeer, Esskastanien, Pfirsichbäumen, Haselnusssträuchern, Mandelbäumen … Häufig ließen sich die Mönche im Schutz der Bäume auf dem nackten Boden nieder und schliefen unter einem grünen Baldachin aus Laub und im milden Duft ihrer Blüten den Schlaf des Gerechten.

Neben den drei Hauptgärten befand sich das Quadrat mit den Blumen. Sie dienten zum Schmücken der Kapellen, zum Parfümieren von Heilwässern und zur Herstellung von Blütenessenzen. Im Sommer wurden sie, vermischt mit wohlriechenden Kräutern, auf dem Boden des Refektoriums verstreut, um ihn kühl zu halten. Die Frühlingsblumen wurden am Palmsonntag geweiht und am Kircheneingang mit ein paar Buchsbaumzweigen an die Brüder verteilt. Als kleine Fußnote sei noch erwähnt, dass der Abt oder die Äbtissin ihr eigenes kleines Gartenquadrat hatte, auf dem die in Reih und Glied wachsenden Pflanzen noch mehr als in den anderen Gärten an betende Mönche erinnerten.

In Doppelklöstern, also jenen, die wie Fontevrault, Grimbergen und Saint-Sulpice sowohl Mönche als auch Nonnen beherbergten, hatten Abt und Äbtissin jeder ihr „magisches Quadrat". Das Oberhaupt dieser Klöster war oftmals die Äbtissin. Ihr schuldeten die Religiosen Dienstbarkeit und Gehorsam. Es scheint, als sei die Frauenbewegung bereits vor gut tausend Jahren in Mode gewesen.

Unten: **Ein Garten wie zu alten Zeiten. Jede der vier leicht abschüssigen Flächen wird mit Gemüse und Gewürzkräutern bepflanzt.**

Rechts: **Glücklich schätzte sich der Mönch, der die Kräuter für die Fastenspeisen holte. Ausschnitt aus der *Thebais* von Io Starnina, 15. Jahrhundert.**

Nach der Regel des heiligen Benedikt sollen die Mönche arbeiten und beten: „laborare et orare". Miniatur aus dem 15. Jahrhundert.

Das Gemüse im Mittelalter

Kraut- und Wurzelgemüse
(Blatt-, Wurzel- und Knollengemüse)

Kardone, Karde, Endivie, Lauch, Markkürbis, Melone, Gartenkürbis, Flaschenkürbis, Kohlgemüse, Kohlrabi, Rüben, weiße Rübchen, Rettich, Fenchel, Borretsch, Mangold, Mohrrübe (14. Jahrhundert), Sellerie (damals noch wenig bekannt), Zuckerwurz (Merk), Gurke, Spargel, Zwiebel, Knoblauch, Schalotte, Sauerampfer, Spinat (13. Jahrhundert), Melde (Spanischer Spinat). Salatgemüse: Kopfsalat, Römischer Salat, Portulak, Rauke, Kresse, Zichorie (Wegwarte)

Reich an Vitaminen.

Hülsenfrüchte
(Samengemüse)

Saubohnen (Dicke Bohnen), Erbsen, Linsen, Kichererbsen, Saatwicke

Reich an Proteinen, Mineralstoffen und Stärke. Sie sind das „Fleisch der Armen".

Getreide

Reis (14. Jahrhundert), Hafer, Hirse, Buchweizen, Weizen, Hanfsamen, Gerste, Roggen, Mais (16. Jahrhundert)

Kommen bei der Zubereitung von Brot, Breien und als Einlage von Brühe zum Einsatz. Dienen als zusätzlicher Eiweißlieferant.

Kräuter
(Küchen- und Heilkräuter)

Basilikum, Kerbel, Petersilie, Thymian, Bohnenkraut, Schnittlauch, Salbei, Fenchel, Koriander, Minze (oder Poleiminze), Schwarzer Senf, Beifuß, Engelwurz, Rosmarin, Raute, Ysop, Arnika, Eibisch, Johanniskraut

Gestalten die Speisen abwechslungsreicher und werden für die Herstellung von Elixieren, Heilpflastern, Tonika und Salben verwendet.

Zuallererst Gemüse

Die große Sorgfalt und Mühe, die man im Gemüseanbau walten lässt, unterstreicht die Bedeutung des Gemüses für die tägliche Beköstigung der Brüder. Gemüse bildet in den Klöstern seit jeher die Grundlage der Ernährung. Ganz gleich wie unterschiedlich die klösterlichen Speisezettel im Laufe der Jahrhunderte je nach Region, Orden und Fastenzeiten gewesen sein mögen, Gemüse stand gewöhnlich an allererster Stelle.

Die Hauptmahlzeit *(prandium)* bestand aus zwei Schüsseln mit gekochtem Gemüse, um „den Hunger zu besänftigen". Eine enthielt eine dicke, breiartige Suppe, häufig auf der Grundlage von Saubohnen oder einer anderen Hülsenfrucht wie Erbsen oder Linsen. Die andere enthielt, was damals Kraut- und Wurzelgemüse genannt wurde (Krautgemüse, wenn der überirdisch wachsende Pflanzenteil, Wurzelgemüse, wenn die unterirdisch wachsende

Der Kürbis, Miniatur aus dem 15. Jahrhundert.

Knolle oder Wurzel verzehrt wurde). Je nach Wochentag kamen noch eine *Pietanz* oder eine *Generelle* sowie eine Ration Brot und eine *hemina* Wein hinzu. Darüber hinaus gestattete der gütige heilige Benedikt Obst oder ein Frischgemüse.

Der *coquinarius*, dessen Amt häufig reihum wechselte, wie beispielsweise im 12. Jahrhundert in Clairvaux, musste natürlich seine ganze Fantasie in den Dienst der Küche stellen, nicht um das Fasten, wohl aber um die Monotonie der täglichen Speisen zu brechen. Der rege Kontakt und Austausch zwischen den Abteien erwies sich dabei als sehr fruchtbar. Niemals gab es eine europäischere Küche als zu jener Zeit. Dass auch Fastengerichte durchaus sehr schmackhaft sein können, versteht sich von selbst. Es war Aufgabe des wackeren Mannes am Herdfeuer, dem eifrigen Bruder *gardinarius*, dem Gärtner, alle Ehre zu machen, der so viel Mühe aufwendete, um das denkbar beste Gemüse hervorzubringen.

Suppen, Salate und Breie

Im 18. Jahrhundert fiel alles, was der „Kessel" enthielt, unter den Begriff Suppe; oftmals ein Stück Fleisch, verschiedene Gemüsesorten und Kräuter, die miteinander in einem großen Topf in einer Ecke des Herdfeuers leise vor sich hin köchelten. Die Brühe, die dabei entstand, diente dann, über in den Teller gelegte Brotscheiben geschöpft, als Suppe. Man unterschied fetthaltige Suppen, bei denen Fleisch, Eier und Käse verwendet, und magere Suppen, die auf der Grundlage von Gemüse zubereitet wurden.

Das Stichwort „fetthaltige Suppe" gibt mir Gelegenheit, die Geschichte einer berühmten Vertreterin ihrer Art zu erzählen, die Geschichte der Narrenfest-Suppe. Dieses Fest wurde in Frankreich über viele Jahrhunderte gefeiert und stand ab Mitte des 13. Jahrhunderts unter der Schirmherrschaft der Sorbonne. Es fand immer im Dezember statt und bestand darin, einen Bischof der Narren zu küren. Der Gewählte wurde von Geistlichen eskortiert, die als Frauen oder als Tiere verkleidet waren und die Aufgabe hatten, ihn bis zur Kirche zu geleiten. Dort angekommen, tanzten sie auf den Stufen zum Altar, auf denen ein großer Napf mit eben dieser Suppe stand. Die Geschichte verrät zwar nicht das Rezept, doch geht sie noch weiter… Nachdem der Narrenbischof die Suppe geweiht und die Messe begonnen hatte, entwickelte sich eine regelrechte Orgie. Um die Zelebranten herum wurde gewürfelt, Frauen mischten sich unter die Geistlichen, stießen miteinander an, tranken, liebkosten sich, aßen von der Suppe und sangen obszöne Lieder. Das Narrenfest wurde in fast allen französischen Bischofs- und Stiftskirchen begangen, ja selbst in Doppelklöstern. Die Festlichkeiten wurden die „Dezemberfreiheiten" genannt. Ich überlasse es Ihnen zu entscheiden, wer dabei der größere Narr war, der Besonnene oder der Verrückte.

Salate waren je nachdem, was der Gemüsegarten so hergab, ein steter Begleiter der täglichen Mahlzeiten: Zichorie (Wegwarte), Kopfsalat, Römischer Salat, Kresse und vieles mehr. Häufig wurden sie mit den Blüten von Veilchen, Primeln, Ringelblumen, Pimpinelle oder mit frischen Kräutern wie Schnittlauch, Knoblauch, Bohnenkraut und anderem verziert.

Die Breie habe ich bisher unterschlagen, nicht ohne Absicht; denn wurden sie auch in den Klöstern besonders wegen ihres hohen Nährwertes geschätzt, so sind diese Speisen aus Hanfsamen, Hafer oder Weizen doch heute von eher geringem Interesse. Dennoch verbinde ich mit ihnen eine Kindheitserinnerung, die mich jedes Mal anrührt, wenn sie mir in den Sinn kommt. Ich war bei meiner Großmutter zum Essen. Es gab einen Maisbrei, den sie mir noch kochend heiß auf den Teller füllte. Das war hübsch, diese Farbe, wie Aprikosen, und die lustigen Blasen, die der Brei schlug, als würde er atmen. Ich glaube, meine Großmutter streute noch Zucker darüber. Für mich war das ein Gaumenschmaus! Und vielleicht war es das auch für die Mönche und andere Kinder.

Unten: **Die Mohrrübe, Miniatur aus dem 15. Jahrhundert. Gemüse und Kräuter sprießen unter dem wachsamen Auge des** *gardinarius.*

Rechts: **Spargelernte, Miniatur aus dem 15. Jahrhundert.**

Fastensuppe mit Brot

Zu den klösterlichen Suppen auf der Basis von Saubohnen, Basilikum oder Kerbel gehört auch die „Graupensuppe nach Art der Franziskaner".

- ❖ 2 Schalotten, gehackt
- ❖ 200 ml Weißwein
- ❖ 20 g Petersilie, abgezupft
- ❖ 10 g Estragon
- ❖ 10 g Kerbel
- ❖ 20 g Kresse
- ❖ 3 Liter „Kesselbrühe"
- ❖ Salz
- ❖ Pfeffer
- ❖ 3 Wacholderbeeren, zerstoßen
- ❖ 60 g Gerstengraupen, 25 Minuten in 1 Liter Kraftbrühe gekocht
- ❖ 4 Scheiben Rosinenbrot, je 2 cm dick
- ❖ 2 Knoblauchzehen

In einer Kasserolle die gehackten Schalotten mit 50 ml Weißwein kurz angehen lassen, ohne dass sie Farbe annehmen. Abkühlen lassen.

In einer Schüssel die Schalotten mit den gewaschenen, abgetrockneten und gehackten Kräutern vermengen. Beiseite stellen.

In einer weiteren Kasserolle den restlichen Wein zum Kochen bringen und einige Minuten köcheln lassen, bis der Alkohol verdampft ist. ⅓ der Brühe zugießen und alles auf ¼ der Menge einkochen lassen. Diesen Vorgang zweimal wiederholen. Am Ende sollte 1 Liter Brühe übrig bleiben.

Die Brühe mit Salz, Pfeffer und Wacholder abschmecken. Die gekochten Graupen einrühren und die Suppe beiseite stellen.

Die Brotscheiben toasten und gründlich mit dem Knoblauch einreiben. Die vorbereitete Kräutermischung gleichmäßig darauf verteilen.

Jeweils eine Scheibe Brot in die Mitte eines großen, tiefen Tellers legen und die heiße Brühe vorsichtig darum herum schöpfen.

In den Küchen der Klöster stand stets ein großer Kessel auf dem Feuer, in dem sämtliche Gemüseabschnitte und Fleischparüren leise vor sich hin simmerten und zu einer gehaltvollen Brühe verkochten.

Würdigen Ersatz liefert eine kräftige Brühe aus verschiedenen Gemüsesorten, angereichert mit Abschnitten von Geflügel, Kalb oder Rind, die man 2–3 Stunden kochen lässt. Man kann sie mit Fleischbrühe noch zusätzlich verfeinern.

Jakobine-Suppe

❖ 1 Liter Geflügelbrühe
❖ 70 g gemahlene Mandeln
❖ 20 g Süßrahmbutter
❖ 40 ml Erdnussöl
❖ 200 g Geflügelfleisch (Rebhuhn, Pute, Fasan…)
❖ 4 Scheiben Weißbrot, je 1 cm dick
❖ 100 g Brie, ohne Rinde
❖ 100 ml Sahne
❖ Geriebene Schale von ¼ Zitrone
❖ Salz, Pfeffer
❖ 2 Eigelb

Diese Suppe erhielt ihren Namen von einem Rebhuhn, das Jakobine hieß und als Zutat in dieser Suppe endete.

In einer Kasserolle die Geflügelbrühe zum Kochen bringen; die gemahlenen Mandeln einrühren und bei milder Hitze 45 Minuten ziehen lassen.

In einer heißen Pfanne die Butter und das Öl erhitzen. Das Fleisch darin von allen Seiten anbraten und anschließend bei mäßiger Hitze in 8–9 Minuten sanft garen. In 1 cm große Würfel schneiden und beiseite stellen.

Die Brühe durch ein Sieb abseihen, dabei die Mandelmasse mit einer Kelle gut ausdrücken. Die Weißbrotscheiben toasten und gleichmäßig mit dem Brie belegen. Warm stellen.

Die aromatisierte Brühe erneut zum Kochen bringen, die Sahne und geriebene Zitronenschale unterrühren und mit Salz und Pfeffer abschmecken. Warm stellen.

In einer Schüssel die Eigelbe miteinander verquirlen, unter kräftigem Schlagen nach und nach eine Kelle heiße Brühe unterrühren. Die Mischung zurück in die Brühe gießen und alles langsam erhitzen, bis die Suppe eine leichte Bindung erhalten hat. Nicht mehr kochen! Abschmecken und in tiefe Teller füllen. Den Käsetoast dazu reichen.

Ostersuppe

FÜR DIE BRÜHE
❖ 3 kg Lammbrust, ohne Fett, mit Knochen
❖ 2 Möhren
❖ 100 g Bleichsellerie
❖ 20 g Süßrahmbutter
❖ 2 weiße, mit Nelken gespickte Zwiebeln
❖ 4 Liter Wasser
❖ 1 Bouquet garni
❖ 10 g Lindenblüten
❖ Salz, Pfeffer
❖ Muskatblüte (Macis)

FÜR DIE EINLAGE
❖ 120 g Bleichsellerie, gewaschen und in dünne Scheiben geschnitten
❖ 1 Schalotte, gehackt
❖ 20 g Süßrahmbutter
❖ 20 g grüner Speck, gewürfelt
❖ 10 g Petersilie, gehackt
❖ Salz, Pfeffer
❖ 4 Eigelb
❖ 20 g Parmesan

Die Speisen sind Spiegel des Festes: Ostern ist ein Tag der Freude, der ein paar Leckerbissen gestattet.

BRÜHE:
Die Lammbrust in Stücke zerteilen.

In einem großen Schmortopf das in Würfel geschnittene Gemüse in der Butter anschwitzen. Zwiebeln und Fleisch hinzugeben und von allen Seiten anbraten. Mit dem Wasser auffüllen und das Bouquet garni einlegen. Zum Kochen bringen, abschäumen, den Topf zu ⅔ mit einem Deckel schließen und die Brühe bei geringer Hitze sanft köcheln lassen. 10 Minuten bevor das Fleisch gar ist, die Lindenblüten hinzufügen. Durch ein Passiertuch abseihen. Beiseite stellen.

Das Fleisch ausstechen, von den Knochen lösen und sehr fein hacken.

EINLAGE:
Die Selleriescheiben in etwas Lammbrühe 4–5 Minuten pochieren, bis sie weich sind. In einer Kasserolle die gehackte Schalotte in der Butter anschwitzen, die Speckwürfel hinzufügen und 1–2 Minuten mitschwitzen. Das Fleisch und die Petersilie untermischen und mit Salz und Pfeffer würzen. Die Masse abkühlen lassen und daraus 12 Fleischbällchen formen. Beiseite stellen.

Die Lammbrühe wieder erhitzen und mit Salz, Pfeffer und Muskatblüte abschmecken.

In jeden Suppenteller 1 Eigelb geben und mit ein paar Salz- und Pfefferkörnern bestreuen. Den geriebenen Parmesan, die feinen Selleriescheiben und die Lammbällchen um die Eigelbe herum verteilen. Die Lammbrühe in eine Kanne füllen, die Teller servieren und am Tisch mit der Brühe auffüllen.

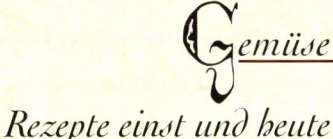

Die Reissuppe mit Trüffeln ist das Original eines italienischen Klosterrezeptes von Pater Dellepiane. Man aß sie kalt oder heiß zu jeder Jahreszeit. Damals wurden die Trüffeln nur ein bis zwei Minuten gegart, bevor man sie der Reissuppe zufügte; denn im Mittelalter konservierte man Trüffeln in Essig, wässerte sie dann in heißem Wasser, um sie schließlich in Fett zu garen. Bei dem heutigen Rezept wird der „schwarze Diamant" zusammen mit dem Rundkornreis gekocht, wobei sich die beiden Zutaten zu einer weichen Creme verbinden. Die Entwicklung der Kochkunst hat uns hier dazu veranlasst, auf die rätselhafte Bevorzugung des bissfesten Reiskorns zu verzichten. Dafür erlaubt die sämige Konsistenz der Reiscreme, ein knuspriges und köstliches Element hinzuzufügen: Reisküchlein.

Reissuppe mit Trüffeln

FÜR 6 PERSONEN

- 1 Zwiebel
- 7 Löffel Öl
- 2 gesalzene Sardellen
- 15 g Tomatenpüree
- 50 g Trüffeln
- Salz
- 400 g Reis

Nachdem man in einer Kasserolle eine in kleine Stücke geschnittene Zwiebel in Öl hat braun werden lassen und die gesalzenen Sardellen darin zergangen sind, füge man das in einem Schuss edlen Weißweines gelöste Tomatenpüree hinzu.

Sobald der Wein verdampft ist und das Tomatenpüree in dem Öl ausreichend Farbe genommen hat, gebe man die in Scheiben geschnittenen Trüffeln hinzu und gare das Ganze 1–2 Minuten. Dann füge man den bereits in reichlich Salzwasser gekochten und etwas abgetropften Reis hinzu, das Kochwasser wird aufgehoben.

Alles gut miteinander verrühren, damit der Reis die Flüssigkeit aufnehme. Man kann je nach gewünschter Konsistenz von Zeit zu Zeit eine Kelle des Reiskochwassers hinzufügen. Anschließend heiß servieren.

Reiscreme mit Trüffeln

- 200 g Rundkornreis
- 1 Zwiebel, gehackt
- 20 g Süßrahmbutter
- 60 g Trüffeln, gehackt
- 1½ Liter Geflügel-
  brühe
- 100 ml Trüffeljus
- Salz
- Pfeffer
- 2 Sardellenfilets,
  gewässert
- 12 dünne Trüffel-
  scheiben

Den Ofen auf 200 °C vorheizen.

Den Reis waschen. In einer Sauteuse die Zwiebel in der Butter anschwitzen. Den Reis und die gehackten Trüffeln einrühren und kurz mitschwitzen. Mit 300 ml Brühe auffüllen und unter ständigem Rühren auf ⅔ der Menge einkochen lassen. Diesen Vorgang dreimal wiederholen. Den Trüffeljus hinzugießen. Salzen und pfeffern.

4 Esslöffel von dem garen Reis abnehmen und auf einem Backblech mit einer Gabel zu 4 runden Küchlein von 7 cm Durchmesser verstreichen.

Die Reisküchlein mit den zerkleinerten Sardellenfilets bestreuen und im Ofen knusprig backen.

Den verbliebenen Reis mit der restlichen Brühe vermischen, nochmals erhitzen und abschmecken. In Suppentassen füllen, mit jeweils 3 Trüffelscheibchen garnieren und servieren. Die Sardellen-Reisküchlein dazu reichen.

Dies ist unsere heutige Version der „Reissuppe mit Trüffeln".

Möhrenkuchen mit Kreuzkümmel

Zu Zeiten der Karolinger hatte die Möhre einen schlechten Stand, denn sie war weiß. Vielleicht ist ihr die lange Reise von Afghanistan über Kleinasien und Spanien nach Frankreich nicht bekommen, wo sie erst im 15. Jahrhundert kultiviert wurde. Wegen ihres faserigen Herzens stand in den damaligen Rezepten die Anleitung: „das Holz entfernen".

❖ 200 g Blätterteig
❖ 300 g junge Möhren
❖ 100 g kleine Bund-
   möhren
❖ Salz
❖ 100 g gesalzene Butter
❖ 10 g Zucker
❖ 5 g gemahlener Kreuz-
   kümmel
❖ Pfeffer
❖ 20 g Petersilie,
   gehackt

Den Ofen auf 210 °C vorheizen.

Eine Obstkuchenform von 22 cm Durchmesser mit dem Blätterteig auskleiden. Den Teig mehrmals einstechen und im Ofen blind backen.

Die jungen Möhren mit einem Messer schaben und schräg in 3 mm dünne Scheiben schneiden. Die Bundmöhren ebenfalls schaben und ganz lassen.

In einem Topf die jungen Möhren in 1½ Liter sprudelnd kochendem Salzwasser in 10 Minuten garen. Sie sollten noch etwas Biss haben.

Die Möhren abtropfen lassen und zum Auskühlen auf einem sauberen Küchentuch ausbreiten. Mit den Bundmöhren auf die gleiche Weise verfahren.

In einer Kasserolle 80 g Butter aufschäumen lassen, den Zucker und den Kreuzkümmel einrühren und die Möhrenscheiben darin glasieren. Mit Pfeffer abschmecken. Die glasierten Möhrenscheiben gleichmäßig auf dem Teigboden verteilen.

In derselben Kasserolle die Bundmöhren in der restlichen Butter und etwas Zucker glasieren. Sobald sie schön glänzen, die gehackte Petersilie darüber streuen und gleichmäßig auf dem Kuchen verteilen.

Man kann den Kuchen, mit ein wenig Zitronensaft und Olivenöl beträufelt, auch kalt essen.

Hopfensprossen-Beignets

❖ 40 Stangen wilder
   Spargel
❖ Salz

FÜR DEN AUSBACKTEIG
❖ 125 g Mehl
❖ 125 g Speisestärke
❖ 1 TL Trockenhefe
❖ 100 ml Milch
❖ 5 g Salz
❖ 4 Eiweiß
❖ 1 Liter Traubenkernöl
❖ Abgeriebene Schale
   von 1 unbehandelten
   Zitrone

Sie können zum Aus-
backen auch einen
japanischen *tempura*-Teig
verwenden.

Bei diesem Rezept werden die Hopfensprossen durch wilden Spargel ersetzt, der allerdings nicht ganz einfach zu bekommen ist, da er auf unseren Märkten nur wenige Tage im Jahr angeboten wird.

Die französischen Hopfenfelder sind ein Erbe der alten Klöster, denn obwohl den Mönchen die jungen Hopfensprossen wegen ihrer angeblich aphrodisischen Wirkung bis zum 17. Jahrhundert verboten waren, blieb ihr Wohlgeschmack den wagemutigen Leckermäulern unter ihnen gewiss nicht verborgen. Zumindest wissen wir heute, dass sich die Mönche im belgischen Kloster Grimbergen an den Sprossen gütlich taten, wenngleich das vielleicht nur in einem Geist der Selbstkasteiung geschah, denn – welch ein Zufall – die Abtei war ein Doppelkloster (Mönche und Nonnen).

Den Spargel waschen und in reichlich kochendem Salzwasser 2 Minuten blanchieren; kalt abschrecken, abtropfen lassen und trockentupfen. Zu Portionen von je 10 Stangen bündeln.

Für den Ausbackteig das Mehl, die Speisestärke, Hefe, Milch und Salz glatt rühren.

Kurz vor der weiteren Verwendung die Eiweiße steif schlagen und vorsichtig unter die Masse heben.

In einem schmalen, hohen Topf das Öl erhitzen. Die Spargelbündel eines nach dem anderen mit einer Spaghettizange durch den Ausbackteig ziehen und aufrecht in das siedende Öl eintauchen. Nach dem Ausbacken auf einem Tuch abtropfen lassen und mit der abgeriebenen Zitronenschale bestreuen.

Spinat, Miniatur aus dem 15. Jahrhundert. Als Kulturpflanze wurde er erstmals im Jahr 1373 erwähnt; eine wild wachsende Sorte gab es bereits.

Butterspinat „Gourmand" mit kandierter Zitronenschale

Spinat wurde erstmals 1373 in einem Buch des berühmten italienischen Gartenbauers Petrus de Crescentiis erwähnt. Zu jener Zeit war Spinat in Italien ein beliebtes Fastengemüse. Da man ihn damals mit Unmengen von Butter zubereitete, wurde er auch „Kraut des Buttertodes" genannt.

Zitronen wurden damals von den Templern verwendet, um mit einigen Tropfen davon den Fisch oder auch Fleisch zu veredeln.

FÜR DIE KANDIERTEN ZITRONENSCHALEN
❖ 2 unbehandelte Zitronen
❖ 1½ Liter Wasser
❖ 150 g Zucker

FÜR DEN SPINAT
❖ 600 g junger Blattspinat
❖ 4 Knoblauchzehen
❖ 150 g gesalzene Butter
❖ Pfeffer

KANDIERTE ZITRONENSCHALEN:
Die Zitronen waschen, mit einem Sparschäler dünn schälen (nur das Gelbe) und die Schale in feine Streifen schneiden. Die Streifen dreimal hintereinander in kochendem Wasser kurz blanchieren; nach jedem Blanchiervorgang kalt abschrecken.

Aus dem Wasser und dem Zucker einen Sirup zubereiten, aufkochen und die Streifen 5 Minuten darin kandieren. Vom Herd nehmen und auskühlen lassen. Diesen Vorgang viermal wiederholen.

Die kandierten Zitronenstreifen abtropfen lassen. In einem verschlossenen Gefäß halten sie sich an einem kühlen Ort mindestens 8 Tage.

SPINAT:
Den Spinat gründlich waschen und mit einem Küchentuch trockentupfen.

Die Knoblauchzehen schälen, halbieren und den Keim entfernen. Die Knoblauchhälften auf eine Gabel spießen.

In einer großen Sauteuse 75 g Butter aufschäumen lassen, die Hälfte des Spinats hineingeben und die Hitze reduzieren. Mit der knoblauchgespickten Gabel vorsichtig die Spinatblätter wenden, die Temperatur langsam wieder erhöhen.

Sobald die Spinatblätter zusammengefallen sind, in ein Sieb abgießen, dabei die Garflüssigkeit auffangen. Den Spinat leicht pfeffern und warm stellen. Mit dem restlichen Spinat in gleicher Weise verfahren.

Den Spinat in 4 tiefe Teller verteilen und mit den kandierten Zitronenstreifen garnieren. Etwas von der Garflüssigkeit um den Spinat herum träufeln.

Dies ist ein sehr schlichtes, delikates Gericht, das viel von der Umsicht erfordert, die den Mönchen damals zu Eigen war.

Spinatschnittchen nach Art der Zölestiner

Ursprünglich (1263) waren die Zölestiner Meister der Askese. Sie kannten sechs Fastenzeiten im Jahr und beschieden sich häufig mit nichts als Kohlblättern und Spinat, sie verzichteten sogar auf Brot.

Doch im Laufe der Zeit kamen die frommen Brüder in den Genuss der Großzügigkeit einiger französischer Könige und erhielten zahlreiche Sonderrechte, was eine Lockerung ihres Lebenswandels nach sich ziehen sollte und einen ausländischen Gelehrten, der 1733 durch Frankreich reiste, zu folgendem Kommentar veranlasste: „Das Charakteristische an den Zölestinern ist ihr Hochmut und ihre Naschhaftigkeit; sie frönen der Schlemmerei mehr als der Wissenschaft und ziehen ihrer völlig vernachlässigten Bibliothek die Küche vor, deren Reichhaltigkeit von keinem anderen Kloster erreicht wird." Von ihren kulinarischen Exerzitien blieben uns der Spinat und das Omelett… nach Art der Zölestiner!

* 4 Scheiben grobes Landbrot, je 3 cm dick
* 100 ml Essig
* 10 g grobes Salz
* 4 Eier
* 2 kleine Knoblauchzehen
* 50 g gesalzene Butter
* Pfeffer
* 200 g Blattspinat
* 20 g Walnusskerne, gehackt

FÜR DIE BEURRE BLANC
* 20 g Schalotte, fein gehackt
* 50 ml Weißwein
* 20 ml Essig
* 50 g weiche gesalzene Butter
* Pfeffer

Mit einem spitzen Messer die Brotscheiben 1 cm vom Rand entfernt einschneiden und so viel Krume im Innern entfernen, dass eine etwa 2 cm tiefe Aushöhlung entsteht. Die Brotscheiben von beiden Seiten toasten und beiseite stellen.

Eine hochwandige Kasserolle mit 2 Liter Wasser füllen, den Essig hinzugießen, salzen und zum Kochen bringen. Die Eier nacheinander auf einen Teller aufschlagen und vorsichtig in das siedende Wasser gleiten lassen, dabei das Eiweiß über das Eigelb ziehen. 3 Minuten pochieren, mit einem Schaumlöffel herausheben und auf einem Küchentuch abtropfen lassen. Ausgefranstes Eiweiß abschneiden.

Den Ofen auf 110 °C vorheizen.

In einer kleinen Kasserolle die Knoblauchzehen in kochendem Wasser zwei- bis dreimal blanchieren, damit sie ihren bitteren Geschmack verlieren. Nach jedem Blanchieren das Wasser wechseln. Abtropfen lassen und fein hacken.

In einer Sauteuse die Butter zerlassen, den Spinat und den Knoblauch darin behutsam erhitzen, damit die austretende Flüssigkeit langsam verdampfen kann und der Spinat seine Farbe behält. Pfeffern und den Spinat gleichmäßig auf den Brotscheiben verteilen.

Je Scheibe ein pochiertes Ei auf den Spinat setzen und im lauwarmen Ofen warm stellen.

BEURRE BLANC:
In einer kleinen Sauteuse die gehackte Schalotte mit dem Wein und dem Essig aufkochen, von der Kochstelle ziehen und kurz abkühlen lassen. Die Butter in kleinen Portionen zügig unterrühren, sodass eine Emulsion entsteht. Pfeffern.

Die Spinatschnittchen aus dem Ofen nehmen, jedes Ei behutsam mit der Beurre blanc nappieren und den Spinat mit den gehackten Walnusskernen garnieren.

Der Lauch,
Miniatur aus
dem 15. Jahr-
hundert.

Gefüllte Blätterteig-täschchen mit Lauch

Im 11. Jahrhundert wollte es in Cluny der Brauch, dass Lauch roh mit Milch und Walnüssen gegessen wurde. Im Kloster Sankt Gallen aß man ihn sowohl roh als auch gekocht.

* 500 g Lauch, nur die weißen Teile
* 30 g gesalzene Butter
* 200 ml Sahne
* Salz
* Pfeffer
* 30 g magerer Speck
* Muskatnuss
* 200 g Blätterteig
* 1 Eigelb zum Bestreichen

Den Ofen auf 200 °C vorheizen.

Die Lauchstangen bis fast zur Wurzel ein- bis zweimal spalten, putzen, gründlich waschen und in kochendem Salzwasser 6 Minuten blanchieren. Kalt abschrecken, in mittelfeine Streifen schneiden und gut abtropfen lassen.

In einer Sauteuse die Lauchstreifen in der Butter anschwitzen, die Sahne hinzugießen, salzen, pfeffern und zugedeckt bei niedriger Hitze 20–25 Minuten garen.

Den Speck in sehr feine Streifen schneiden und blanchieren. Kalt abschrecken, trocken-tupfen und in einer Pfanne sautieren; auf Küchenkrepp abtropfen lassen.

Die Lauchcreme mit geriebener Muskatnuss abschmecken.

Den Blätterteig ausrollen, 4 Quadrate von 13 cm Kantenlänge ausschneiden und auf ein befeuchtetes Backblech legen. In die Mitte jedes Teigquadrates einen Teil der Lauchcreme setzen, die Speckstreifen darüber verteilen und die Teigränder mit dem Eigelb bestreichen. Die vier Teigecken über der Füllung zusammenführen und die Kanten mit den Fingern versiegeln. Von außen ebenfalls mit Eigelb bestreichen. Im Ofen 15–20 Minuten backen.

Die Teigtäschchen nicht zu voll füllen, damit ausreichend Platz zwischen Teig und Lauchcreme bleibt und die Füllung während des Backens nicht heraustritt.

- ❖ 200 g Puy-Linsen
- ❖ 1 weiße, mit Nelken gespickte Zwiebel
- ❖ 20 g Schweineschwarte
- ❖ 1 Bouquet garni
- ❖ 1 Prise Salz
- ❖ 80 g Knochenmark, ausgelöst
- ❖ 4 entrindete Brotquadrate mit je 5 cm Kantenlänge

FÜR DIE GARNITUR
- ❖ 40 ml Weinessig
- ❖ 80 ml Walnussöl
- ❖ 30 ml Erdnussöl
- ❖ 2 EL Fleischbrühe
- ❖ Salz, Pfeffer
- ❖ 50 g durchwachsener Speck, in feinen Streifen
- ❖ 12 Pfefferkörner
- ❖ 12 grobe Salzkörner

Linsen mit Knochenmark

Der Abt Himmelrod gestand seinen Mönchen in Clairvaux im 12. und 13. Jahrhundert drei Pfefferkörner zum Würzen ihrer Linsen zu. Das erste Pfefferkorn sollte ihnen das frühe Aufstehen zum Chorgebet erleichtern, das zweite ihren Arbeitseifer fördern und das dritte der Speise einen feineren Geschmack verleihen.

Die Linsen sorgfältig verlesen und zum Reinigen 30 Minuten wässern.

Die Linsen mit der Zwiebel, der Schweineschwarte, dem Bouquet garni und Salz in eine Kasserolle füllen, mit Wasser bedecken und in 45 Minuten bei mäßiger Hitze garen.

Inzwischen das ausgelöste Knochenmark in kaltem Wasser wässern, um eventuelle Blutpartikel auszuschwemmen. Das Mark in kochendem Wasser 10 Minuten pochieren, abtropfen lassen und in gleichmäßige Scheiben schneiden.

Für die Garnitur den Weinessig, das Öl, die Fleischbrühe sowie Salz und Pfeffer zu einer glatten Vinaigrette verrühren. In einer Pfanne die feinen Speckstreifen rasch knusprig ausbraten und auf Küchenkrepp abtropfen lassen.

Die Linsen ebenfalls abtropfen lassen, mit der Vinaigrette anmachen und zu gleichen Teilen auf 4 tiefe Teller verteilen.

Die gebratenen Speckstreifen über die Linsen streuen. Das Brot rösten und darauf setzen. Jedes Brot mit 2–3 Markscheibchen belegen, jeweils 3 zerstoßene Pfeffer- und 3 grobe Salzkörner darüber streuen und servieren.

Spargelterrine mit Kräutern

Spargel wird in Frankreich seit dem 14. Jahrhundert kultiviert. Den wild wachsenden Verwandten ließen die Mönche meist unbeachtet – genauso wie Pilze und Esskastanien –, getreu dem Gebot: „Du sollst nicht essen, was du nicht im Schweiße deines Angesichts erbracht hast." So erlaubten sich die Mönche kaum zu essen, was man lediglich aufsammeln musste.

- ❖ 8 Blatt Gelatine
- ❖ 1 kg mitteldicker weißer Spargel
- ❖ 20 g grobes Salz (für das Spargelwasser)
- ❖ Pfeffer
- ❖ 50 g Petersilie
- ❖ 20 g Kerbel
- ❖ 20 g Schnittlauch
- ❖ 20 g Estragon
- ❖ 10 g Koriandergrün
- ❖ 1 Schalotte, fein gehackt
- ❖ 10 g Süßrahmbutter
- ❖ Abgeriebene Schale von 1 unbehandelten Zitrone
- ❖ 100 ml Olivenöl

Die Gelatine in kaltem Wasser einweichen.

Die Spargelstangen schälen und mit Küchengarn zu zwei Bündeln verschnüren. In einer Kasserolle in 4 Liter gesalzenem Wasser 15–20 Minuten gar kochen. Die Spargelbündel mit einer Schaumkelle aus dem Wasser nehmen, 1 Liter des Kochwassers zurückbehalten.

Den Spargel in Eiswasser abschrecken, um den Garprozess zu unterbrechen. Auf einem Küchentuch abtropfen lassen, das Küchengarn entfernen und die Stangen an den Enden auf einheitlich 14 cm Länge schneiden. Die Spargelabschnitte zurück in das Kochwasser geben und weitere 10 Minuten kochen lassen. Das Spargelwasser durch ein feines Sieb abseihen, die eingeweichte Gelatine darin auflösen; salzen, pfeffern und kalt stellen.

Die Kräuter fein hacken. In einer Kasserolle die gehackte Schalotte in der Butter anschwitzen, ohne dass sie Farbe annimmt; etwas abkühlen lassen und unter die Kräuter mischen. Die Kräutermischung unter die fast erkaltete, noch nicht gestockte Spargelbrühe rühren.

Eine ausreichend große Terrinenform aus Porzellan mit Frischhaltefolie auskleiden. Die Spargelstangen jeweils immer entgegengesetzt einlegen und nach jeder Schicht mit der Spargelbrühe auffüllen. Die Terrine zum Gelieren mindestens 12 Stunden kalt stellen.

Die abgeriebene Zitronenschale mit dem Olivenöl vermengen, salzen und pfeffern.

Die gestockte Terrine aus der Form lösen und in 2 cm dicke Scheiben schneiden. Auf Tellern anrichten und mit einigen Tropfen des Zitronenöls beträufeln.

Gemüsepfännchen mit Kräutern

- ❖ 20 Salatblätter (Kopf-
  oder Bataviasalat)
- ❖ 12 ganze Bundmöhren
- ❖ 12 kleine weiße
  Rüben, halbiert
- ❖ 100 g Saubohnen, ent-
  hülst und enthäutet
- ❖ 100 g grüner Spargel
- ❖ 100 g Bleichsellerie, in
  Stäbchen geschnitten
- ❖ Salz
- ❖ 60 g Butter
- ❖ Pfeffer
- ❖ 1 Prise Puderzucker

KRÄUTER
- ❖ 1 Schalotte, fein
  gehackt
- ❖ 20 g Butter
- ❖ 10 g Petersilie, gezupft
- ❖ 5 g Estragon
- ❖ 30 g frische junge
  Erbsen, enthülst
- ❖ 10 Blätter
  Sauerampfer

FÜR DIE BOHNEN-
KRAUTSAUCE
- ❖ 150 ml des Gemüse-
  kochwassers, leicht
  gesalzen
- ❖ 20 g Butter
- ❖ 50 ml Sahne
- ❖ 1 TL frisches Bohnen-
  kraut
- ❖ Pfeffer

Die tourte d'herbes *ist ein Rezept aus dem Kloster Monte-Falco. Herbes (zu Deutsch: Kräuter) umfassten damals alles, was oberirdisch wuchs: Kerbel, Petersilie …, aber auch Kohl, Lauch und Salat.*

Die Salatblätter in kochendem Wasser blanchieren, kalt abschrecken und zum Abtropfen auf einem Küchentuch ausbreiten.

Jedes Gemüse putzen, waschen und separat in leicht gesalzenem Wasser gar kochen; in einem Sieb vollständig abtropfen lassen. Das Kochwasser von Möhren und Rüben vermischen und für die Sauce zurückbehalten.

In einer Sauteuse die Butter aufschäumen lassen und alles Gemüse darin schwenken; salzen, pfeffern und zuckern.

In einer Kasserolle die gehackte Schalotte in der Butter anschwitzen. Die Petersilie, den Estragon und die Erbsen kurz mitschwitzen und im letzten Moment den Sauerampfer dazugeben. Beiseite stellen.

Den Ofen auf 140 °C vorheizen.

4 Pfännchen mit Butter einfetten und mit den blanchierten Salatblättern so auskleiden, dass ein Teil über die Ränder hinauslappt. 4 Blätter zurückbehalten.

Das Gemüse mit den Kräutern vermischen, abschmecken und gleichmäßig in die Pfännchen verteilen. Jeweils 1 Salatblatt über die Mitte legen und zum Verschließen die überlappenden Blätter darüber schlagen.

Die Gemüsepfännchen 7 – 10 Minuten in den Ofen schieben.

Das zurückbehaltene Kochwasser auf die gewünschte Menge einkochen. Die Butter, Sahne und das Bohnenkraut einrühren und abschmecken.

Die Pfännchen aus dem Ofen nehmen, auf Tellern anrichten und mit der Sauce überziehen.

Es empfiehlt sich, ganz junge Erbsen zu verwenden. Sie schmecken noch besser und können selbst roh gegessen werden. Das Bohnenkraut kann durch jedes beliebige andere Kraut – ganz nach dem persönlichen Geschmack – ersetzt werden.

Perlzwiebelragout mit Geflügelklein

Zwiebeln waren in der Klosterküche weithin geschätzt; die des Klosters von Bourgueil waren sogar berühmt. Zwiebeln sind ein uraltes Gemüse, das schon vor 4000 Jahren angebaut wurde.

- ❖ 250 g weiße Perl-zwiebeln
- ❖ 4 Geflügelmägen
- ❖ 8 Geflügelherzen
- ❖ 8 Flügelspitzen von Geflügel
- ❖ 100 ml Öl
- ❖ 50 g gesalzene Butter
- ❖ Salz
- ❖ Pfeffer
- ❖ 100 ml Weißwein
- ❖ ½ Liter Geflügelkraft-brühe
- ❖ 10 g Petersilie, gehackt

Den Ofen auf 180 °C vorheizen.

Die Perlzwiebeln schälen, die Geflügelmägen und -herzen säubern, die Flügelknochen auslösen.

In einer Kasserolle die Flügelspitzen und Mägen in kochendem Wasser blanchieren; abgießen und kalt abschrecken.

In einer Sauteuse das Öl und die Butter erhitzen; Flügelteile, Perlzwiebeln und Mägen darin leicht Farbe nehmen lassen. Salzen und pfeffern.

Überschüssiges Fett abgießen und den Bodensatz mit der Hälfte des Weißweins ablöschen, dabei den Bodensatz mit einem Schaber lösen; die Flüssigkeit reduzieren und mit dem rest-lichen Wein ein zweites Mal ablöschen.

Die Brühe hinzugießen und mit Pergamentpapier (ersatzweise Butterbrotpapier oder Alufolie) abdecken. Das Ragout zum Kochen bringen, die Sauteuse mit einem Deckel ver-schließen und 25 Minuten in den Ofen schieben. 5 Minuten vor Ende der Garzeit die Geflügelherzen untermischen.

Mit der gehackten Petersilie bestreuen und im Topf servieren.

Das einzigartige Püree des heiligen Benedikt

Im Mittelalter wurden die Pürees in den Klöstern mit einer leichten Brühe oder Mandelmilch verfeinert und waren daher recht flüssig. „Unter den Bäumen des Obstgartens in der Bene-diktinerabtei von Fleury werden weiße Rüben von außerordentlicher Größe angebaut", heißt es in einer Ordensregel aus dem 10. Jahrhundert.

Träumen wir also von dem einzigartigen Gemüsepüree mit Mandelmilch aus Fleury…

- ❖ 300 g Kartoffeln
- ❖ 400 g weiße Rüben
- ❖ Salz
- ❖ 200 ml Sahne
- ❖ 100 g Butter
- ❖ Pfeffer
- ❖ Geriebene Muskatnuss
- ❖ 200 ml Öl
- ❖ 4 Stängel Blattsellerie

Die Kartoffeln und weißen Rüben separat in Salzwasser garen, abgießen, gut abtropfen lassen und trockentupfen.

Das Gemüse durch ein Sieb drücken und das Püree in einer Kasserolle auffangen. Abwech-selnd und portionsweise die Sahne und die Butter einarbeiten, bis das Püree eine cremige Konsistenz hat. Mit Salz, Pfeffer und Muskatnuss abschmecken.

In einer Pfanne das Öl erhitzen.

Die Sellerieblätter waschen, abtrocknen und in dem siedenden Öl kurz frittieren. Zum Abtropfen auf Küchenkrepp legen.

Das Gemüsepüree in einer Schüssel anrichten, mit den frittierten Sellerieblättern garnieren und heiß servieren.

Saubohnen waren das Klostergemüse par excellence, ihnen gebührte der ganze klösterliche Segen. Ihre Zubereitung war damals eine Lehrstunde der Kochkunst. Bei unserem Rezept harmoniert das zarte Grün der Bohnen wunderbar mit dem Rosa der Krebsschwänze. Die Köche haben die Tradition ihrer gewissenhaften Zubereitung bewahrt. Bleibt zu erwähnen, dass der heilige Hieronymus seinen Anhängern den Verzehr von Saubohnen unter dem Vorwand untersagte, dass „in partibus genitalibus titilationes producunt". Ein guter Grund, sein Latein zu vergessen!

„Betet für uns arme Sünder." Miniatur, Auszug aus dem *Decamerone* von Boccaccio aus dem 15. Jahrhundert.

Saubohnen nach Art von Cluny

„Sobald sich die im Dienste der Küche stehenden Mönche die Hände und das Gesicht gewaschen und die drei ihnen vorgeschriebenen Gebete gesprochen haben, waschen sie die Saubohnen drei aufeinander folgende Male in jeweils frischem Wasser und bringen sie sodann in einem mit Wasser gefüllten Kessel zum Kochen. Sobald das Wasser aufwallt und sich ein Schaum an der Oberfläche absetzt, werde jener mit einer Schaumkelle abgeschöpft und mit ihm auch die obenauf schwimmenden Bohnen. Auch diene die Kelle dazu, jene Bohnenkerne zu entfernen, die am Kesselboden haften, denn verbrannte Saubohnen werden nicht gegessen. Beginnen die Bohnenkerne sich zu öffnen, so nehme man sie vom Feuer und schrecke sie unter dreimaligem Wechseln des kalten Wassers ab. Fett darf den Bohnen nicht zugefügt werden, jedoch muss sich einer der Köche nach vollbrachter Zubereitung vergewissern, dass die Bohnen ausreichend gesalzen sind. Aus diesem Grunde ist es ihm vorgeschrieben, von ihnen zu probieren."

Frikassee von jungen Saubohnen und Krebsschwänzen

❖ 200 g junge Saubohnen
❖ 1 kg Flusskrebse
  (6 Stück pro Person)
❖ 200 g Gartenkresse
❖ 150 ml Walnussöl
❖ 30 ml Weinessig
❖ Salz
❖ Pfeffer
❖ 10 g frischer Kerbel

Die Saubohnen enthülsen, blanchieren, in ein Sieb abgießen und kalt abschrecken. Das Kochwasser auffangen. Die Bohnenkerne sorgfältig enthäuten und die Keimlinge entfernen.

Die Flusskrebse im Bohnenwasser pochieren und vorsichtig auslösen.

Die Kresse waschen und trockentupfen. Für die Vinaigrette das Öl, den Essig, Salz und Pfeffer sorgfältig verrühren.

In einer Sauteuse die Bohnenkerne und Krebsschwänze behutsam vermengen, die Vinaigrette untermischen und das Frikassee erwärmen. Abschmecken.

Die Kresse gleichmäßig auf die Teller verteilen, das Frikassee darauf anrichten und mit der im Topf verbliebenen lauwarmen Vinaigrette beträufeln. Mit den Kerbelzweigen garnieren.

Melone in Karmelitergeist

* 1 reife Melone von etwa 1 kg (Kantalup oder Charentais)
* 1 Gewürznelke
* 5 g Koriandersamen
* 3 g gemahlene Muskatblüte (Macis)
* Abgeriebene Schale von 1 unbehandelten Zitrone
* 4 g Salz
* 200 ml Melissengeist
* 4 reife violette Feigen

Die Melonen der Karmeliter waren bekannt für ihre „innere Güte", gewiss eine Eigenschaft, die sie mit den Angehörigen des Ordens teilen!

Die Melone schälen, längs halbieren und die Kerne herauslösen. Das Fruchtfleisch in 1 cm dünne Scheiben schneiden und nebeneinander auf ein Blech legen.

Die Gewürznelke zwei- bis dreimal blanchieren und in einem Mörser mit den Koriandersamen, der Muskatblüte, der Zitronenschale und dem Salz zerstoßen.

Das Würzpulver mit dem Melissengeist verrühren und die Melonenscheiben mithilfe eines Pinsels von beiden Seiten damit tränken. Mindestens 10 Minuten durchziehen lassen. Noch besser ist es, den Tränkvorgang mehrmals zu wiederholen, der Geschmack intensiviert sich dadurch ganz erheblich.

Kurz vor dem Servieren die Melonenscheiben auf Tellern anrichten. Mit den in Scheiben geschnittenen Feigen dekorieren. Die Feigen mit einigen Tropfen Zitronensaft beträufeln.

Wirsing mit Klippfisch

* 700 g Klippfisch
* 1 Liter Milch
* 3 Lorbeerblätter
* 4 Zitronenscheiben
* 1 Kopf Wirsing (1½ kg), geviertelt
* Salz
* 1 Bouquet garni
* 1 nelkengespickte Zwiebel
* 2 Möhren
* 6 ganze Wacholderbeeren
* 10 g grobes Salz
* 100 g Butter
* Pfeffer
* 6 Wacholderbeeren, zerstoßen
* 15 g Petersilie, gehackt

Dies ist ein Rezept für Fastenzeiten. In solchen Zeiten mied man Schweineschmalz und ersetzte es – sinnigerweise – durch Butter.

Den Klippfisch zum Entsalzen mit reichlich Wasser bedecken. Für 24 Stunden wässern, dabei das Wasser mehrmals wechseln. Die Haut und alle Gräten des Fisches entfernen.

Die Milch mit den Lorbeerblättern und Zitronenscheiben erhitzen, wieder abkühlen lassen und den Fisch 30 Minuten darin einweichen.

Die Kohlkopfviertel vom Strunk befreien.

Den Wirsing in kochendem Salzwasser blanchieren und abtropfen lassen.

In demselben Topf den Kohl, das Bouquet garni, die Zwiebel, Möhren, die ganzen Wacholderbeeren sowie das grobe Salz mit reichlich Wasser bedecken und zum Kochen bringen.

Ein Stück Pergamentpapier in der Mitte einstechen, den Kohl damit bedecken und etwa 45 Minuten köcheln lassen. Von Zeit zu Zeit das verkochte Wasser ergänzen.

Den Ofen auf 180 °C vorheizen.

Den Gargrad des Kohls prüfen, er sollte ganz weich sein. Abgießen, das Suppengemüse und die Gewürze entfernen und den Kohl grob hacken.

In einer großen Sauteuse die Butter zerlassen und den Kohl darin 8 – 10 Minuten unter stetigem Wenden dünsten.

Die Milch mit den Fischstücken bis fast zum Kochen bringen, mit einem Stück Pergamentpapier bedecken und 15 Minuten im Ofen garen. Aus dem Ofen nehmen.

Den Kohl abschmecken, in eine große, flache Schüssel füllen, den abgetropften Fisch darauf anrichten und mit den zerstoßenen Wacholderbeeren und der Petersilie bestreuen.

Die Milch separat in einer Sauciere dazu reichen. Den Fisch nach Belieben damit beträufeln.

Gefüllte Kohlblätter mit Perlgraupen

Gerste war wahrscheinlich das erste von Menschen kultivierte Nahrungsmittel. Jesus sättigte fünftausend Menschen mit fünf Gerstenbroten, indem er sie auf wundersame Weise vermehrte. Gerste diente auch als Belohnung für erfolgreiche Wettkämpfer. Die Mönche sprachen ihr sogar Heilkraft zu: „Gerste macht ärztlichen Rat entbehrlich", hieß es.

❖ 8 Wirsingblätter
❖ Salz
❖ 50 g Zwiebeln, gehackt
❖ 100 g gesalzene Butter
❖ 250 g Perlgraupen
❖ 3,2 Liter Geflügelkraftbrühe
❖ 50 g Trüffeln, gehackt
❖ 100 g Parmesan, gerieben
❖ 30 g Butter für die Form
❖ 100 ml Trüffeljus
❖ Pfeffer

In einer Kasserolle die Kohlblätter in kochendem Salzwasser blanchieren, kalt abschrecken, trockentupfen und die dicken Mittelrippen mit einem Messer herausschneiden. Die Blätter nebeneinander auf ein Küchentuch legen.

Den Ofen auf 180 °C vorheizen.

In einer Sauteuse die Zwiebeln in der gesalzenen Butter anschwitzen, die Perlgraupen einstreuen und unter Rühren 3 – 4 Minuten mitschwitzen. 3 Liter Geflügelbrühe hinzugießen, den Topf mit einem Deckel verschließen und die Graupen bei mäßiger Hitze in 30 – 40 Minuten sanft garen.

5 Minuten vor Ende der Garzeit die gehackten Trüffeln und den Parmesan sorgfältig einrühren. Die Perlgraupen etwas abkühlen lassen und abschmecken.

Auf jedes Kohlblatt 1 Esslöffel der Graupen häufen, die Ränder darüber schlagen und die Paketchen zur leichteren Handhabung mit Küchengarn verschnüren.

Eine ofenfeste Form mit Butter einfetten, die Kohlpaketchen hineinlegen und mit der verbliebenen Brühe und dem Trüffeljus übergießen. Etwas salzen, pfeffern und die Form mit einem Deckel verschließen. Die Paketchen im Ofen 15 Minuten backen, dabei immer wieder mit der Brühe begießen.

Servieren Sie die gefüllten Kohlblätter mitsamt der Garflüssigkeit als Beilage zu Wildgeflügel oder einem Kalbsbraten.

Vorsicht beim Salzen, da der Trüffeljus bereits recht würzig ist.

Polenta mit Parmesan und Kräuterbutter

Polenta, die bereits in den Schriften der Karolinger erwähnt wird, waren ursprünglich gebratene Küchlein aus Gerstenmehl. Der Mais kam erst im 16. Jahrhundert nach Frankreich.

❖ Salz
❖ 200 g Maisgrieß
❖ 5 g Schalotte, gehackt
❖ 30 g weiche Butter
❖ 10 g Petersilie
❖ 5 g frischer Kerbel
❖ 5 g frischer Estragon
❖ 10 g Spinat
❖ ½ TL scharfer Senf
❖ Pfeffer
❖ 100 g Parmesan, gerieben
❖ 100 g gesalzene Butter

1 Liter gesalzenes Wasser zum Kochen bringen.

Nach und nach den Maisgrieß einstreuen und 30 Minuten unter ständigem Rühren mit einem Schneebesen garen.

Für die Kräuterbutter die Schalottenwürfel blanchieren und mit der weichen Butter, den gehackten Kräutern, dem Senf und Pfeffer zu einer glatten Masse verrühren.

Die fertige Polenta abschmecken. Sie sollte noch von cremiger Konsistenz sein. Den Parmesan, die gesalzene Butter und Pfeffer untermischen.

Die Polenta in eine Schüssel füllen und servieren. Auf dem Teller die Polenta mit der leicht geschmolzenen Kräuterbutter umgießen.

Teigwarenherstellung,
Miniatur aus dem
14. Jahrhundert.

Makkaroni mit Fenchelcreme und Walnüssen

Die ursprünglich aus Neapel stammenden Makkaroni sind möglicherweise älter als Brot (Boccaccio schrieb sie „maccheroni").

- ❖ 100 g Gemüsefenchel
- ❖ Salz
- ❖ 150 ml Sahne
- ❖ 50 ml Olivenöl
- ❖ 500 g Makkaroni, klein gebrochen
- ❖ 70 g Walnusskerne
- ❖ Pfeffer
- ❖ Saft von 1 Zitrone
- ❖ Fenchelgrün

In einer Kasserolle den Fenchel in kochendem Salzwasser 5 Minuten blanchieren, kalt abschrecken und in feine Streifen schneiden.

Die Sahne mit den Fenchelstreifen aufkochen und ziehen lassen.

In einer großen Kasserolle 6 Liter Salzwasser zum Kochen bringen, das Olivenöl zugießen und die Makkaroni darin 8–9 Minuten garen; abgießen und abschrecken.

Die Walnusskerne in kaltem Wasser aufsetzen und zum Kochen bringen. 5–6 Minuten bei geringer Hitze köcheln lassen, damit sie etwas weich werden. Abtropfen lassen.

Die Fenchelsahne durch ein feines Spitzsieb passieren, dabei das Fruchtfleisch gut ausdrücken. Die Creme salzen, pfeffern, den Zitronensaft einrühren und die Makkaroni und Walnusskerne untermischen. Nochmals erhitzen.

In eine silberne Schüssel füllen und mit dem Fenchelgrün garnieren.

Kapuzinerbart à la crème

- ❖ 500 g Kapuzinerbart (besondere, in Frankreich verbreitete Art der Wilden Zichorie)
- ❖ 30 g Zwiebel, gehackt
- ❖ 50 ml Öl
- ❖ 300 ml Sahne
- ❖ Salz
- ❖ Pfeffer
- ❖ Geriebene Muskatnuss
- ❖ 50 g Croûtons

Die Rasur ist in Klöstern ein Ritual. Die Laienbrüder behalten gewöhnlich ihren Bart, während ihn die Patres rasieren, was als Zeichen der Weisheit gilt. Doch die Häufigkeit dieses Aktes der Körperpflege variiert von Orden zu Orden. In manchen rasieren sich die Brüder ganze fünf bis sechs Male pro Jahr, in anderen alle fünfzehn Tage, drei Wochen oder einmal im Monat. In einigen Orden ist den Mönchen die Rasur während der vierzigtägigen Fastenzeit untersagt. Keine Frage also, wie der weiße, füllige, kräftige „Kapuzinerbart" (Wilde Zichorie/Wegwarte), der in unseren Gärten wächst, zu seinem Namen gekommen ist. Die Vorstellung, einer der ehrwürdigen Brüder könnte seinen Bart in die Sahne getunkt haben, sollten wir aber lieber verwerfen . . .

Nur die hellen Teile des Gemüses verwenden.

Den Kapuzinerbart 3 Minuten in kochendem Wasser blanchieren. Abseihen.

In einer Sauteuse die Zwiebel in dem Öl ohne Farbe anschwitzen. Den Kapuzinerbart grob hacken und untermischen. Die Sahne hinzugießen und das Gemüse 5–6 Minuten garen. Mit Salz, Pfeffer und Muskatnuss abschmecken.

Für die Croûtons Brotscheiben entrinden, in Rauten mit 3 cm Kantenlänge schneiden und in einer Pfanne unter Hinzugabe von etwas Öl rösten. Den fertigen Salat in einer Schüssel anrichten und mit den Croûtons garnieren.

Früchte

Dem heiligen Adam

„Pomme notre-dame, douce de Saint-Jean, poire saint-michel,
saint-augustin, bon-chrétien …"
Eine Alternative wären heute geläufige Sorten: „Reine de Reinette, Calville,
Morgenduft, Alexander, Abbé Fleté, Williams Christ …"

Ein Hoch auf den Obstgarten

Früchte aller Sorten sind sowohl Gegenstand der Ordensregeln als auch Bestandteil des klösterlichen Speisezettels. Der Obstgarten genießt die gleiche fürsorgliche Hege des Gärtners wie der Gemüsegarten.

Thierry Fleury notierte im 10. Jahrhundert in seinen Schriften über Regeln und Gebräuche des Klosters Saint-Benoît-sur-Loire, wo er selbst bis 1002 Abt war: „Jedes Jahr werden junge Bäume gesetzt; das Veredeln erfolgt immer an Vollmond vor Ostern durch fachkundige Hand, und unter den Bäumen wachsen Rettiche von außergewöhnlicher Größe."

In derselben Epoche schrieb Baudry, der von 1046 bis 1130 Abt in Bourgueil war: „Bourgueil besitzt sein kleines Wäldchen, wo Weide, Lorbeerbaum und Myrte wachsen; wo Birnbaum und Ölbaum Seite an Seite stehen, Kirsche neben Kiefer, Kiefer neben Apfelbaum…" Da das Klima mild war, gesellten sich ab dem 12. Jahrhundert noch Granatapfel und Orange hinzu.

Auf der Liste der gesegneten Früchte des „Mustergartens" von Sankt Gallen fanden sich im 10. Jahrhundert Oliven, Äpfel, Birnen, Mostbirnen, Granatäpfel, Feigen, Zitronen, Datteln, Weintrauben, Pfirsiche, Pflaumen, Kirschen, Schattenmorellen, Esskastanien, Wal- und Haselnüsse.

In Cluny kamen noch Mispeln, Quitten, Erdbeeren, Wildfrüchte, Brombeeren und Kornelkirschen (Herlitze) hinzu.

Früchte im klösterlichen Speiseplan

Frische Früchte wurden häufig zu Beginn der Mahlzeit serviert – sind nicht heute noch Melone und Feigen beliebte Vorspeisen? In einigen Ordensregeln war festgelegt, dass beim ersten Gang dem ältesten Mönch das Recht auf das größte Obststück gebührte; für die kleinen Früchte sah das Protokoll hingegen keine Regelung vor.

Gegarte oder in Honig kandierte Früchte wurden meist an gewöhnlichen Tagen nach den beiden Hauptspeisen serviert. Je nach Vorratslage und Jahreszeit wurden sie durch Nüsse und Trockenfrüchte wie Feigen, Rosinen, Haselnüsse und Mandeln ersetzt. Ab dem 16. Jahrhundert nannte man diese „Bettler" – in Anlehnung an ihre Farbe, die an die Mönchskutten der vier größten Bettelorden des Mittelalters, die Augustiner, Karmeliter, Dominikaner und Franziskaner, erinnerte.

Oben: **Granatapfelbäume schmücken die Gärten des Klosters von Bourgueil. Der liebliche Duft seiner Blüten lässt die Süße seiner Früchte bereits erahnen. Miniatur aus dem 15. Jahrhundert.**

Rechts: **Der Obstgarten, Miniatur aus dem 15. Jahrhundert.**

Und was gibt es über die Bohnen des Götterbaums der Maya, die *cacahuatl*, zu sagen? Zumindest ein paar Worte zur „Schokolade", denn aus der Frucht des Baumes wird Kakao gewonnen, der auf Griechisch *theobroma*, „Speise der Götter", heißt. Den ersten Ordensschwestern, die in Mexiko missionierten, wird das Verdienst zugesprochen, die Schokolade „christianisiert" zu haben. Schöpferisch und begabt, wie sie in Küchendingen nun einmal waren, ersetzten sie bei ihrer Zubereitung kurzerhand Piment, Muskat und Honig, die man mit gerösteten, zerstoßenen Mandeln, vermischt mit kochendem Wasser, anrührte, durch Vanille, Zucker und Sahne. So trat Süße an die Stelle der Bitterkeit, und aus der Schokolade wurde ein köstliches und edles Getränk.

Schokolade scheint überhaupt eine Spezialität der Frauen zu sein. Die Oberin des Visitationskonventes von Belley gab zum Beispiel keinem Geringeren als Brillat-Savarin den Rat: „Wenn Sie eine wirklich gute Schokolade trinken wollen, so bereiten Sie sie schon am Vorabend in einer Kanne aus Steingut zu und lassen sie stehen. Das nächtliche Ruhen lässt die Schokolade etwas eindicken und verleiht ihr eine Geschmeidigkeit, die sie noch viel besser munden lässt. Der liebe Gott wird sicherlich nichts gegen diese kleine Veredelung einzuwenden haben, schließlich gebührt auch ihm nur das Beste."

Karamellkäppchen mit Apfelfüllung

Die Gottesfürchtigen sind nicht nachtragend. Sie können vergeben. Der biblische Sünden-fall, symbolisiert durch den Apfel, hindert jenen nicht daran, auch an religiösen Festtagen auf der Tafel der Mönche vertreten zu sein.

FÜR DEN KARAMELL
❖ 40 ml Essig
❖ 200 g Zucker
❖ 1 EL Glukosesirup
❖ 100 ml Wasser
❖ Öl zum Einfetten

❖ 100 g Butter
❖ 100 g Zucker
❖ Abgeriebene Schale
   von 2 unbehandelten
   grünen Zitronen
❖ 1 kg Äpfel
❖ 60 g Schokoladen-
   splitter (zartbitter)

Den Essig in einer Kasserolle mit dickem Boden zum Kochen bringen; den Topf damit aus-schwenken, um den Boden zu reinigen. Den Essig wegschütten. Den Zucker und Glukosesirup mit dem Wasser aufsetzen und bei geringer Hitze zum großen Bruch kochen (150 °C).

Inzwischen den gerundeten Boden einer Edelstahlschüssel oder eine Suppenkelle von 16 cm Durchmesser von außen mit Klarsichtfolie überziehen. Die Folie mit Öl einstreichen; den Karamell möglichst gleichmäßig deckend über die Wölbung ziehen, sodass ein Käppchen ent-steht. Abkühlen lassen und an einem trockenen Ort beiseite stellen.

In einer Kasserolle die Butter zerlassen, den Zucker, die Zitronenschale und die geschälten, entkernten, in Stücke geschnittenen Äpfel hinzugeben und 25 Minuten garen. Falls nötig, etwas Wasser hinzugießen.

Die Apfelstücke mit einer Gabel grob zerdrücken und auf Zimmertemperatur abkühlen lassen.

Die Schokoladensplitter unter die abgekühlte Apfelmasse mischen.

Die Apfelmasse auf eine Platte häufen und zu einer Kugel von der Größe des Karamell-käppchens formen. Das Käppchen vorsichtig von seiner Form lösen und über die Apfelkugel stülpen.

Zum Essen darf die Kruste zerbrochen werden.

Backäpfel mit Zimt

Der Gebrauch von Zimt war während des gesamten Mittelalters weit verbreitet. Er wurde auf die unterschiedlichsten Weisen verwendet: in Pulverform als Würzmittel, in Duftessenzen, in Weingeist und in eau-de-vie. „Zimt stärkt Magen und Herz, lindert den Bauchschmerz und fördert die Verdauung."

❖ 8 Äpfel (Renette)
❖ 30 g Butter
❖ 50 g Zucker
❖ 3 g gemahlener Zimt

Den Ofen auf 80 °C vorheizen.

Die Äpfel waschen, abtrocknen und mithilfe eines Apfelausstechers Stiele und Kerngehäuse entfernen.

Die Butter, den Zucker und den Zimt zu einer homogenen Masse verarbeiten und die vorbereiteten Äpfel damit füllen. Die gefüllten Äpfel auf ein eingefettetes Backblech setzen und 3 Stunden im Ofen dörren. Dabei verdunstet ein Großteil ihrer Flüssigkeit, die Haut wird schrumpelig, und das Aroma konzentriert sich.

Die Backäpfel halten sich an einem kühlen Ort 2–3 Tage. Vor dem Servieren kann man sie wieder etwas erwärmen. Dazu passt eine Englische Creme mit Zimt. Birnen, Pfirsiche und Aprikosen lassen sich auf dieselbe Weise zubereiten.

Aprikosenkuchen mit Zuckerkruste

Am Johannistag (24. Juni) gab es Aprikosen in Hülle und Fülle, ihre Saison dauerte bis Mariä Himmelfahrt.

❖ 200 g Blätterteig
❖ 500 g vollreife Aprikosen
❖ 100 g Puderzucker
❖ 25 g Würfelzucker

Den Ofen auf 210 °C vorheizen.

Den Teig ausrollen und eine Obstkuchenform damit auskleiden. Darauf Acht geben, dass der Teig nicht einreißt.

Die Aprikosen in zwei Hälften teilen, entsteinen und mit der gewölbten Seite nach unten in die Form einlegen.

3–4 der Aprikosensteine aufknacken, die Kerne zermahlen, unter den Puderzucker mischen und die Aprikosenhälften damit bestreuen. Den Kuchen im Ofen 20–25 Minuten backen.

Inzwischen den Würfelzucker in ein Küchentuch wickeln und mit einer Kuchenrolle grob zerkleinern. Nach der Hälfte der Backzeit über den Kuchen streuen. Heiß servieren.

Apfel-Glacé

„Fällt der 21. März, Tag des Heimgangs unseres Vaters, des heiligen Benedikt, auf einen Sonntag, so soll es Apfelkuchen geben." Ordensregel von Fleury, 13. Jahrhundert.

- 4 Granny-Smith-Äpfel
- 50 g Butterflöckchen
- Starke Klarsichtfolie
- 10 g weiße Pfeffer-
  körner, zerstoßen
- 4 Renette-Äpfel
- 40 g Butter
- 20 g Zucker
- 2 Vanilleschoten
- 100 ml Cidre

Den Ofen auf 170 °C vorheizen.

Die Granny Smith entstielen, schälen, in 2 Hälften schneiden und das Kerngehäuse entfernen. Die Apfelhälften auf ein Backblech legen, die Butterflöckchen darauf verteilen und im Ofen 30 Minuten backen.

Die Klarsichtfolie zu 8 Quadraten mit 25 cm Kantenlänge zurechtschneiden.

4 Folienquadrate auf die Arbeitsfläche legen. In die Mitte jedes Quadrates 2 Apfelhälften platzieren und mit einem weiteren Quadrat bedecken. Die Pakete mithilfe einer Teigrolle vorsichtig flach drücken und zu 3 mm dicken Scheiben auswalzen.

Jeweils die obere Folie abziehen, die Apfelscheiben mit dem zerstoßenen Pfeffer bestreuen und wieder mit der Folie bedecken. Die 4 Apfelscheiben so um den Bauch einer Flasche wickeln, dass sie eine gewölbte Form erhalten. 24 Stunden in den Gefrierschrank legen.

Die Renette-Äpfel entstielen, schälen, entkernen und vierteln. In einer Sauteuse die Butter zerlassen, die Apfelstücke und den Zucker hineingeben.

Die Vanilleschoten längs aufschneiden, das Fruchtmark herausschaben und unter die Äpfel mischen. Die Apfelstücke beständig mit Butter und Zucker beschöpfen. Sobald sie weich und karamellisiert sind, je 4 Apfelstücke auf Dessertteller anrichten. Den Topfinhalt mit dem Cidre ablöschen, etwas einkochen lassen. Die Apfelstücke mit dem Sirup überziehen.

Die Granny-Smith-Scheiben aus dem Gefrierschrank nehmen und die Folie ablösen. Die warmen Apfelstücke mit den geeisten Apfelscheiben verhüllen.

Das Zurück-
schneiden der
Bäume,
Miniatur aus
dem 14. Jahr-
hundert. Das
Geäst im Visier,
schwingt der
Gärtner im
Februar das
Baummesser.

Pfirsiche mit rosa Champagnergelee

Von den Römern „persischer Apfel" genannt, erhielt der Pfirsich im Französischen noch viel fantasievollere Namen: „Téton de Vénus" (Brust der Venus), „Belle de Chevreuse", „Belle de Vitry"…

- ¼ Liter Milch
- 130 g Zucker
- 100 g gemahlene Mandeln
- 4 reife Pfirsiche
- 100 ml Rosé-Champagner
- 3 Blatt Gelatine
- 50 g rote Johannis-beeren

In einer Kasserolle die Milch mit 30 g Zucker und den gemahlenen Mandeln aufkochen und ziehen lassen. Eine große Kasserolle mit Wasser füllen und zum Kochen bringen.

Mit einem spitzen Messer die Schale der Pfirsiche ein- bis zweimal einritzen. Die Früchte 30 – 50 Sekunden blanchieren, anschließend kalt abschrecken und die Schale abziehen. Die Pfirsiche in 2 Hälften schneiden, die Steine herauslösen und zurückbehalten.

Die 8 Pfirsichhälften mit den Steinen in eine Kasserolle legen, mit dem restlichen Zucker bestreuen und mit dem Champagner übergießen. Die Früchte mit einem Stück Pergament-papier bedecken, die Kasserolle mit einem Deckel verschließen und alles langsam erhitzen, damit sich der Zucker auflöst.

Von Zeit zu Zeit die Pfirsiche mit der Garflüssigkeit übergießen. Nicht kochen; nur durch behutsames Pochieren behalten die Pfirsiche ihre Form und ihr Aroma. Die Früchte in ihrem Sirup auskühlen lassen.

2 Blatt Gelatine in kaltem Wasser einweichen. Die Mandelmilch durch ein feines Sieb abseihen. In einer kleinen Kasserolle ¼ der Milch erhitzen, die ausgedrückten Gelatineblätter darin auflösen und die restliche Milch zugießen.

Die abgetropften 8 Pfirsichhälften auf einer tiefen Glasplatte anrichten und mit der Man-delmilch umgießen. Kalt stellen.

Das verbliebene Gelatineblatt einweichen. Den Fruchtsirup auf etwa 40 °C erwärmen, die Gelatine darin auflösen. Kurz bevor die Mischung zu stocken beginnt, die Pfirsiche mit dem Gelee nappieren und vor dem Servieren mit den Johannisbeeren dekorieren.

Man kann den Pfirsichsirup auch für die Zubereitung von Granita oder Sorbet verwenden oder besser noch zum Aromatisieren von Champagner.

Zitronenbirnen in Gelee nach Karmeliterart

Das Kartäuserkloster in Paris unterhielt im 12. und 13. Jahrhundert zwischen dem Obser-
vatorium Val-de-Grâce und dem Jardin du Luxembourg eine 27 Hektar große Baumschule.
Neben den unterschiedlichsten Bäumen und Sträuchern wie Apfel, Kastanie, Haselnuss,
Mispel, Walnuss, Pflaume, Feige, Pfirsich, Maulbeere, Aprikose und Mandel wuchsen dort
auch 88 verschiedene Birnensorten. Doch rohe Birnen verursachen leicht Blähungen, daher
sollte man sie lieber gegart mit Nelken, Zucker und Zimt oder geschmort mit Fenchel und
Koriander essen.

❖ 8 säuerliche Birnen
❖ 1 Zitrone
❖ 60 g Zucker
❖ 300 ml Wasser
❖ Abgeriebene Schale
   von 1 unbehandelten
   Zitrone
❖ 2 Blatt Gelatine
❖ 2 cl Birnengeist
❖ 100 g reife Himbeeren

Die Birnen schälen, die Schalen aufbewahren. Die Zitrone halbieren und mit einer Hälfte die
Birnen einreiben, damit sie nicht braun werden.
   2 der Birnen in Stücke schneiden und mit den Schalen und dem Zucker vermengen.
   Mit dem Wasser bedecken, die abgeriebene Zitronenschale unterrühren und 2 Stunden
ziehen lassen. Durch ein angefeuchtetes Passiertuch abseihen.
   Die Gelatine in kaltem Wasser einweichen.
   Einige Esslöffel des Fruchtsaftes abnehmen, in einer Kasserolle erwärmen und die ausge-
drückte Gelatine darin auflösen. Den Birnengeist und den restlichen Fruchtsaft hinzugießen.
   Die verbliebenen Birnen vierteln, entkernen und auf einer großen, tiefen Platte anrichten.
Die Früchte dreiviertelhoch mit dem Gelee angießen und 1 Stunde in den Kühlschrank
stellen. Vor dem Servieren mit den Himbeeren dekorieren.

Williams-Christ-Birnen in Weißweinsirup

Die „Bon-Chrétien", so heißt die Williams Christ im Französischen, galt im Mittelalter als
eine der schmackhaftesten Birnensorten. Sie erhielt ihren Namen von François de Paule,
der auch „Bon Chrétien" genannt wurde und 1482 aus Italien nach Plessis-les-Tours kam, in
seinem Gepäck einen Birnensetzling, den er Ludwig XI. schenkte. Wahrscheinlich war die
„Bon-Chrétien" aber schon zu Zeiten der Römer verbreitet.

❖ 6 Williams-Christ-
   Birnen
❖ 200 g Blütenhonig
❖ 1 Flasche trockener
   Weißwein
❖ 2 Streifen unbehan-
   delte Orangenschale
❖ 2 Streifen unbehan-
   delte Zitronenschale
❖ 2 Gewürznelken
❖ 1 Bittermandel
   oder 1 zerstoßener
   Aprikosenkern

Die Birnen sorgfältig schälen; den Stiel stehen lassen und das Kerngehäuse vom Blütenansatz
aus herauslösen.
   In einer Kasserolle den Honig, den Wein, die Orangen- und Zitronenschale, Nelken und
Bittermandel gut miteinander verrühren, damit sich der Honig vollständig auflöst.
   In eine weitere Kasserolle die Birnen einsetzen und mit ⅓ der vorbereiteten Garflüssigkeit
übergießen. Mit einem in der Mitte eingekreuzten Stück Pergamentpapier bedecken und
5–6 Minuten bei geringer Hitze pochieren.
   Die Hälfte der verbliebenen Flüssigkeit hinzugießen und weitere 5–6 Minuten garen. Den
Vorgang mit dem restlichen Drittel wiederholen. Die Birnen abkühlen lassen und aus dem
Sirup nehmen.
   Den Sirup um ⅓ einkochen und durch ein Sieb abseihen.
   Die Birnen in einer kristallenen Schale anrichten und mit dem Sirup übergießen.

Je besser die Qualität des Honigs, desto feiner der Sirup.

Kirschaufstrich

*Kirschen haben wohltuende Eigenschaften, wie
bereits die Schule von Salerno erkannte:
„Kirsche, du liebliche Frucht, mit welch Wohl
du weißt uns zu verwöhnen!
Du schmeichelst unserem Gaumen, hältst unser
Gemüt so rein.
Du lässt frisches Blut durch unsere Körper
strömen.
Und den Nierenkranken überlässt du deinen
Stein."*

Die Kirschen entstielen und waschen.

In einer Kasserolle die Kirschen mit dem
Zucker vermengen und 5–6 Stunden ziehen
lassen.

Den Backofengrill vorheizen.

Das Wasser zu den Kirschen gießen, die
aufgeschnittene Vanilleschote hinzugeben und
5–6 Minuten kochen, anschließend abkühlen
lassen. Den Sirup und das Fruchtfleisch über
einer Kasserolle durch ein großes Trommelsieb
streichen. Die Steine heraussortieren (falls Sie
kein geeignetes Sieb haben, können Sie die Kirschen auch zuerst entsteinen und dann in der
Küchenmaschine pürieren).

Etwa 20 Kirschsteine zurückbehalten, in ein
Stück Tuch einschlagen und zu einem Säckchen
verschnüren. Das Kirschpüree mit den Kernen
wieder zum Kochen bringen.

Das Fruchtpüree so lange kochen, bis sämtliche Flüssigkeit verdampft, die Masse aber noch
feucht ist. Vom Herd nehmen.

Die Mandeln unter dem Grill rösten und die
Brioche-Scheiben toasten. Die warmen Brioche-
Scheiben mit dem Kirschaufstrich bestreichen
und die Mandeln darüber verteilen.

❖ 2 kg Süßkirschen
   (Burlat)
❖ 1,2 kg Zucker
❖ 1,2 Liter Wasser
❖ 1 Vanilleschote
❖ 20 g gehackte
   Mandeln
❖ 4 Scheiben Brioche
   oder Hefezopf
   (je 2 cm dick)

Kirschernte, Miniatur aus dem 14. Jahrhundert. Rohe Kirschen
wurden zu Beginn, gegarte zum Ende der Mahlzeit gegessen,
um die sensiblen Mägen zu schonen.

Schneebällchen in Rhabarbersaft

Die Soldaten Karls V. sollen auf ihrer Rückkehr aus Italien den Rhabarber nach Frankreich gebracht haben. Ursprünglich stammt er jedoch aus Asien. Für die Mönche war Rhabarber ein schonendes Heilmittel: „Er ist bar jeglicher schädlichen Wirkung."

- ❖ 1 kg Rhabarber
- ❖ 100 g brauner Zucker
- ❖ 7 Eiweiß
- ❖ 100 g feiner Zucker

Wurzel- und Blattansätze der Rhabarberstangen abschneiden. Die Stangen mit einem Sparschäler schälen und in 2–3 cm lange Stücke schneiden. In kaltem Wasser waschen, abtropfen lassen und in der Küchenmaschine pürieren.

Das Fruchtpüree auf ein Küchentuch füllen, die Ecken zusammenknoten und den Rhabarber 2 Stunden abtropfen lassen. Der Saft (ergibt etwa 400 ml) sollte so klar wie möglich sein. Den braunen Zucker mit dem Saft verrühren, erwärmen und beiseite stellen.

In einer Edelstahlschüssel die Eiweiße aufschlagen, bis sich weiche Spitzen bilden. Nach und nach den feinen Zucker hinzufügen und weiterschlagen, bis der Eischnee ganz fest ist.

In einer flachen Kasserolle den Rhabarbersaft erhitzen. Mit einem Esslöffel von dem Eischnee Bällchen abstechen, in den Rhabarbersaft gleiten lassen und unter Wenden mit einem Palettmesser pochieren. Auf Küchenkrepp abtropfen lassen.

Den Saft durch ein feines Sieb passieren, in Cocktailschalen verteilen und die pochierten Eischneebällchen hineinsetzen.

Heiß oder kalt servieren.

Der Geschmack wird noch feiner, wenn man die Bällchen mit gemahlener Zichorie oder Kakaopulver bestreut.

Rhabarber-Erdbeer-Konfitüre

Der bekannteste Rhabarber in Frankreich ist der „Mönchsrhabarber". Er unterscheidet sich jedoch von jenem, der in den Klöstern kultiviert wurde, denn seine Heilkräfte sind weniger ausgeprägt und wirkungsvoll.

- ❖ 2 kg Rhabarber
- ❖ 1,2 kg Zucker
- ❖ 300 g Erdbeeren

Den Rhabarber schälen, in 5 cm lange Stücke schneiden und 4 Minuten in kochendem Wasser blanchieren. Abgießen und den Rhabarber sorgfältig mit dem Zucker vermengen. 3–4 Stunden ziehen lassen.

Den Rhabarber erneut zum Sieden bringen und 25–30 Minuten köcheln lassen.

5 Minuten vor Ende der Garzeit die von den Stielen und Blütenansätzen befreiten, gewaschenen Erdbeeren unterrühren.

Die fertige Konfitüre sofort in sterile Gläser füllen, die Ränder sauber abwischen, die Gläser verschließen und zum Abkühlen auf den Kopf stellen.

Man kann für dieses Rezept sowohl rotstieligen als auch grünstieligen Rhabarber verwenden.

Schwarze Karmeliter-Kantalup in Essig

- ❖ 30 g Butter
- ❖ 125 g Zwiebeln, fein gehackt
- ❖ 30 g frischer Ingwer
- ❖ 2 g Salz
- ❖ 1 Prise Zimt
- ❖ 5 g Muskatnuss
- ❖ 2 Prisen Safran
- ❖ 3 g Cayennepfeffer
- ❖ 300 g Zucker
- ❖ 300 ml Weißweinessig
- ❖ Abgeriebene Schale von ½ unbehandelten Orange
- ❖ 250 g Tomaten, enthäutet, fein gewürfelt
- ❖ 125 g helle Rosinen
- ❖ 1 kg Melone, 2 × 2 cm groß gewürfelt

Melonen wurden im Mittelalter in Europa kaum angebaut. Doch dank der entschlossenen wissenschaftlichen Forschung der Mönche wurde aus einem kaum beachteten grünen Gemüse eine Kantalup mit süßem gelbem Fruchtfleisch und dunkler Schale. Man nannte sie „Schwarze Karmeliter-Kantalup".

In einer Pfanne die Butter zerlassen, die Zwiebelwürfel darin anschwitzen, Ingwer, Salz und die restlichen Gewürze zugeben. Den Zucker einstreuen und karamellisieren lassen.

Mit dem Essig ablöschen, die Orangenschale einrühren und die Flüssigkeit vollständig verkochen lassen.

Die Tomatenwürfel mitgaren, bis ihre ganze Flüssigkeit verdampft ist.

Die Rosinen und Melonenwürfel untermischen und ¼ Stunde weitergaren. Mit Pergamentpapier bedecken und auskühlen lassen.

Auf die gleiche Weise lassen sich Auberginen, Paprika, Tomaten, Feigen und Birnen zubereiten.

Geeiste Weintrauben

Im Kloster Fleury, am Tage der Verklärung Christi, dem 6. August, „segnet man die Weintrauben, die zunächst vom Sakristan sorgsam gewaschen und in eine Silberschale gelegt wurden. ... Dann werden die Früchte vom Küster auf den Altar gestellt. Sobald die Segnung vorüber ist, nimmt sie der armarius *wieder vom Altar herunter und bringt sie zum Sekretär. Der Priester verteilt sie dann, bei den Ältesten beginnend, zum Mittagessen so, dass noch einige Trauben für die Laienbrüder verbleiben.“*

❖ 500 g Muskattrauben
❖ 12 frische, junge Weinblätter
❖ 50 g Zucker
❖ 100 ml Wasser
❖ Abgeriebene Schale von ½ unbehandelten grünen Zitrone

Ein Blech und 4 Teller in den Gefrierschrank stellen. Die Trauben enthäuten, grob hacken und in einem Gefäß ebenfalls in den Gefrierschrank stellen.

Sobald das Fruchtfleisch fest zu werden beginnt, mit einem Kugelausstecher kleine Kugeln formen, auf das eiskalte Blech legen und gefrieren lassen.

Inzwischen die Weinblätter vorsichtig waschen und in kochendem Wasser blanchieren, kalt abschrecken und trockentupfen.

Aus dem Zucker, Wasser und der Zitronenschale einen Sirup kochen.

Die Weinblätter 5 Minuten in dem Sirup pochieren. Abkühlen lassen. Diesen Vorgang dreimal wiederholen. Die Weinblätter auf einem Kuchengitter abtropfen lassen.

Die Teller mit dem Sirup bestreichen, um die geeisten Trauben zu fixieren.

Die Eiskugeln aus dem Gefrierschrank nehmen und traubenförmig auf den Tellern anrichten. Mit den Weinblättern dekorieren.

Trauben-Quitten-Konfitüre nach Klosterart

In Cluny bekam zur Zeit der Weinlese jeder Mönch zum prandium *fünf Trauben frische Weinbeeren.*

❖ 2,5 kg vollreife Muskattrauben
❖ 1 kg Quitten

Die Trauben abzupfen, in der Küchenmaschine pürieren und das Püree durch ein Passiertuch oder einen Saftbeutel ausdrücken.

Die Hälfte des aufgefangenen Traubensaftes langsam erhitzen. Dabei immer wieder eine Kelle des kalten Saftes hinzuschöpfen, um die Schaumbildung zu unterbinden. Dies ergibt etwa 1½ Liter Saft.

Sobald der Traubensaft um die Hälfte eingekocht ist, die in kleine Stücke geschnittenen Quitten einlegen und in etwa 40 Minuten ganz weich garen. Wiederholt umrühren, damit sie nicht ansetzen.

In Marmeladengläser füllen, die Gläser sofort verschließen und auf den Kopf stellen.

Die Quitten können durch Äpfel, Birnen oder andere Früchte ersetzt werden.

Feigen mit Lorbeer und Crème fraîche

Auf dem Fastenbankett des Abtes von Lagny im Jahre 1379 wurden die Feigen „gebraten und mit einigen Lorbeerblättern darauf" serviert.

Den Ofen auf 180 °C vorheizen.

Die Feigen waschen, abtrocknen und am Stielende kreuzweise einschneiden.

In einer Bratenpfanne aus dem Wasser, Zucker und Banyuls einen Sirup kochen. Die Feigen einlegen, mit den Lorbeerblättern bedecken und 20 Minuten in den Ofen schieben. Alle 5 Minuten mit dem Sirup beschöpfen.

Die Lorbeerblätter entfernen, die Feigen aus der Pfanne nehmen und den Sirup sämig einkochen.

Die Feigen wieder in den Sirup legen.

Die Crème fraîche steif schlagen, auf den Feigen verteilen und unter dem Backofengrill gratinieren.

- ❖ 16 frische Feigen
- ❖ 300 ml Wasser
- ❖ 80 g Zucker
- ❖ 200 ml Banyuls (ersatzweise Portwein)
- ❖ 8 frische Lorbeerblätter
- ❖ 100 ml Crème fraîche

Schokoladencreme

Die armen Mönche des Mittelalters konnten sich nicht, wie der florentinische Pater Francesco Carlati nach seiner Rückkehr aus Amerika, die Frage stellen, „ob Schokolade nun das Fasten bricht oder nicht." Auch konnten sie sie nicht trinken, „um das Fasten bis zum Abend erträglicher zu machen", wie Madame de Sévigné in einem Brief an ihre Tochter schrieb; denn Schokolade füllte erst ab dem 16. Jahrhundert ihre Tassen.

In einer Kasserolle die Milch mit 100 g Zucker und der geriebenen oder in Stücke gebrochenen Schokolade unter gelegentlichem Rühren aufkochen.

In einer Edelstahlschüssel den restlichen Zucker mit den Eigelben und dem Chartreuse vermischen und schaumig schlagen.

Die heiße Schokoladenmilch nach und nach zu dem Eigelbschaum gießen, dabei kräftig weiterschlagen, damit das Ei nicht gerinnt. Zurück in die Kasserolle gießen.

Unter Rühren auf etwa 85 °C erhitzen, durch ein feines Sieb streichen und unter Schlagen abkühlen lassen. Die geschlagene Sahne unterheben.

Die Creme in dekorative Schalen füllen und mit dem ofenfrischen oder kurz im Ofen aufgebackenen Brioche beziehungsweise Hefezopf servieren.

- ❖ ½ Liter Milch
- ❖ 200 g Zucker
- ❖ 100 g Zartbitterschokolade
- ❖ 7 Eigelb
- ❖ 6 cl Chartreuse
- ❖ 100 ml geschlagene Sahne
- ❖ 1 Brioche oder Hefezopf

Kapuziner-Nougat

*Getrocknete und mit Walnusskernen gefüllte Feigen wurden einst als „Kapuziner-Nougat"
bezeichnet.*

- 250 g Honig
- 250 g Zucker
- 500 g Walnusskerne,
  grob gehackt
- 4 Eiweiß
- Abgeriebene Schale
  von ½ unbehandelten
  Zitrone
- 16 getrocknete Feigen
- 100 ml roter Portwein

Am Morgen den Honig mit dem Zucker unter Rühren zum kleinen Ballen kochen (116 °C).
Die Walnusskerne unterrühren.

Die Eiweiße steif schlagen. Die heiße Nougatmasse vom Herd nehmen und den Eischnee
einarbeiten. Die Zitronenschale hinzufügen.

Ein Backblech mit Öl bestreichen. Mithilfe von zwei Leisten ein Rechteck abteilen.
Die Nougatmasse in das Rechteck gießen und mit einem Palettmesser gleichmäßig verteilen.
24 Stunden ruhen lassen.

Am Abend die Feigen in den Portwein legen und über Nacht marinieren.

Am nächsten Tag die Feigen aus dem Portwein nehmen und trockentupfen. Die Portwein-
marinade zu einem Sirup einkochen.

Den Nougat in kleine Vierecke schneiden, die in die Feigen passen.

Die Feigen in der Mitte aufschneiden, mithilfe eines Löffels öffnen und mit je 1 Nougat-
stückchen füllen.

Die gefüllten Feigen auf einem Teller anrichten, mit dem Portweinsirup beträufeln und
servieren.

Blanc-manger mit Pistazien

*In Cluny erhielt am Aschermittwoch jeder Chorherr der Kongregation dreißig livres (etwa
dreißig Pfund) Mandeln.*

- 15 g Gelatine
- 150 g Zucker
- 100 ml Wasser
- ½ Liter Sahne
- 150 g geschälte
  Pistazien, fein gehackt

Die Gelatine in kaltem Wasser einweichen. Den Zucker in dem Wasser auflösen.

Die Sahne mit 130 g der Pistazien erhitzen und unter gelegentlichem Umrühren 1 Stunde
ziehen lassen.

Die Gelatine ausdrücken und in der noch warmen Sahne auflösen. Die Pistaziensahne
durch ein Sieb passieren, dabei die gesamte Flüssigkeit aus den Pistazien herauspressen. Das
Zuckerwasser und ⅓ der Pistazienmasse wieder in die Sahne einrühren.

Die Masse in Kristallgläser füllen und kalt stellen. Vor dem Servieren mit den verbliebenen
gehackten Pistazien verzieren.

Die Walnuss, Miniatur aus dem 16. Jahrhundert. Walnussbäume dienten als Frucht-, Öl- und Holzlieferanten.

Bettlerterrine mit Feigen

Wie die Frucht des geheiligten Baumes zu einer Gaumensünde wurde: Ein kleiner Junge, der in den Garten gegangen war, um Monsieur Buffon die zwei ersten prächtigen Feigen des Jahres zu holen, erliegt auf seinem Weg der Versuchung und verspeist die eine. Zurück bei Buffon gesteht der Junge seine Tat, und Buffon fragt ihn: „Du Unseliger, wie hast du das nur gemacht?" Darauf verschlingt der Junge auch die zweite Feige und sagt: „So habe ich es gemacht."

❖ 8 Feigen
❖ 4 Birnen
❖ 100 g Rosinen
❖ 200 g Melone
❖ 100 g geschälte Haselnusskerne
❖ 100 g geschälte Mandeln

Die Feigen, Birnen und Rosinen in 300 ml lauwarmem Wasser ½ Stunde aufquellen lassen. Die Früchte aus dem Wasser nehmen und trockenreiben.

Das Fruchtfleisch der Melone in der Küchenmaschine pürieren.

Eine 15 cm lange Terrinenform mit Klarsichtfolie auskleiden.

Die Birnen längs, die Feigen quer halbieren und die Hälfte der Früchte mit der Schalenseite nach unten in die Form einlegen. Mit einem Teil des Melonenpürees bestreichen und die Hälfte der Haselnüsse und Mandeln darüber verteilen. Die Hälfte der Rosinen einstreuen, dann wieder eine Schicht Birnen, Melonenpüree, die restlichen Rosinen, Haselnüsse und Mandeln. Nochmals mit Melonenpüree bestreichen und zuoberst mit den verbliebenen Feigen abschließen.

Die Fruchtschichten fest in die Form pressen. Mit der Klarsichtfolie verschließen und die Terrine über Nacht kalt stellen. Zum Servieren die Terrine stürzen und in 1 cm dicke Scheiben schneiden.

Man kann die Terrine statt Kuchen zum nachmittäglichen Tee oder als Dessert mit Englischer Creme servieren.

Walnusscreme

In einer Ordensregel aus dem 12. Jahrhundert war festgelegt, dass der Mönch Walnüsse nicht knacken, sondern mit seinem Messer öffnen soll – sicherlich eine weise Vorsichtsmaßnahme zum Schutze so manch empfindlichen Gebisses.

❖ 250 g Walnusskerne
❖ 1 Liter Geflügelkraftbrühe
❖ 600 ml Sahne
❖ Salz
❖ Pfeffer

Die Walnusskerne blanchieren und kalt abschrecken. Diesen Vorgang dreimal wiederholen.

In einer großen Kasserolle die Geflügelbrühe mit 200 g der Walnüsse zum Kochen bringen und auf ⅓ der Menge reduzieren. 500 ml Sahne zugießen, erneut zum Kochen bringen und bei mäßiger Hitze zu einer sämigen Konsistenz einkochen. Mit Salz und Pfeffer abschmecken.

Die verbliebene Sahne steif schlagen.

Die Walnusscreme in Suppenschalen füllen und mithilfe eines Spritzbeutels und Sterntülle mit der Sahne dekorieren. Die restlichen Walnusskerne hacken und darüber streuen.

E ier

Ostern:

Fermate der festlichen Liturgie.
Halleluja!

Das Osterei

Eier sind in zahlreichen Mythen und Legenden belegt und haben zu allen Zeiten in Religion und Brauchtum eine bedeutende Rolle gespielt. Sie wurden als Symbol der Fruchtbarkeit verehrt und galten in der christlichen Tradition als Symbol der Wiedergeburt. Philosophen deuteten aus dem Ei die vier Elemente: Die Schale versinnbildlichte die Erde, das Eiklar das Wasser, das Eigelb das Feuer und die Luftkammer am stumpfen Ende des Eies die Luft.

Warum aber ist Ostern eigentlich mit Eiern verbunden? Der ursprüngliche Grund ist nicht sicher, wurde aber schon vor der christlichen Zeitrechnung mit dem Nahen des Frühlings und der Fruchtbarkeit in Zusammenhang gebracht. Das Ei an sich ist schon Objekt kontroverser Auseinandersetzungen. Wer hätte noch nicht die ewige Frage erörtert, ob nun das Huhn oder das Ei zuerst da war. Das Ei ist also selbst bereits Rätsel und Symbol zugleich.

Der Hühnerhof, Miniatur aus dem 15. Jahrhundert. Mönche waren Meister in der Zucht von Geflügel, das auch in ihrer Ernährung sattsam Berücksichtigung fand.

Doch wenn die Christen in Ägypten im 10. bis 12. Jahrhundert den Brauch pflegten, zum Osterfest Eier zu reichen, wenn ein Ritual aus dem 12. Jahrhundert „die Segnung von Eiern" erwähnt und wenn während des gesamten Mittelalters die französischen Priester am Karfreitag hart gekochte Eier in einem roten Farbbad weihten, um sie an Ostern zum Verzehr zu reichen, so muss man zu dem Schluss kommen, dass der Zusammenhang zwischen Ostern und Eiern religiöser Natur ist. Der schlichte Umstand, dass Eier während des vierzigtägigen Fastens vom Ernährungsplan verschwanden, ließ ihre Wiederkehr auf der Ostertafel zum freudigen Ereignis werden. Und das galt ganz besonders für Mönche, denn Eier waren während der fastenfreien Zeit ein wichtiger Posten auf ihrem Speisezettel.

So verkörperte das Osterei also Freude und Abwechslung. Und tatsächlich gab es ausgangs der Fastenzeit Eier stets in Hülle und Fülle, denn nicht alle wurden den Hühnern zum Ausbrüten gelassen, eine große Anzahl wurde in Hammeltalg oder Bienenwachs konserviert.

Eier – Grundnahrungsmittel der Klöster

Gewöhnlich setzte sich die Hauptmahlzeit eines Mönches wie folgt zusammen: An Werktagen gab es zwei Gerichte, und diese waren eine *Pietanz* und eine *Generelle*. Eine *Pietanz* entsprach einem ganzen Pfund Weichkäse oder einem halben Pfund Hartkäse und vier Eiern. Eine *Generelle* bestand aus fünf Eiern und Fisch (das galt zumindest im 11. Jahrhundert für Cluny).

An Feiertagen bekam jeder Mönch zusätzliche Eier, so gab es zum Beispiel in Monte Cassino im 13. Jahrhundert an Ostern morgens und abends acht Eier. In Saint-Denis erhielt zur Feier des Schutzheiligen jeder Mönch vier speziell „mit dem Schmalz von drei fetten Schweinen" zubereitete Eier. In Cluny wurden Eier auf alle erdenklichen Weisen zubereitet. Bernhard von Clairvaux hat sie in seiner *Apologia ad Guillelmum* beschrieben: „Wer vermag schon zu sagen, auf wie viele Arten dort Eier verwandelt und gemartert werden, welch Eifer man walten lässt, um sie zu verfälschen, zu entstellen, aufzulösen, zu verhärten und herabzuwürdigen? Man isst sie bald gebraten, bald frittiert, gefüllt, verquirlt; man gibt sich alle Mühe, der Speise eine gefällige Note zu verleihen, um Auge und Gaumen zu schmeicheln …"

Das Konzert im Ei von Hieronymus Bosch. Aus dem Eigehäuse ertönt eine Hymne auf das Leben.

All das war gar nicht im Sinne des heiligen Bernhard. Von entstellten Eiern ist da die Rede in seinem spöttischen Kommentar. Sicher hätte er es lieber gesehen, dass man sie *au naturel* genossen und schlicht und ergreifend geschlürft hätte.

Die große Bedeutung von Eiern als klösterliches Nahrungsmittel für alle denkbaren Verwendungsmöglichkeiten ist unübersehbar. Der hohe Stellenwert von Eiern ging sogar so weit, dass die Mönche in Fastenzeiten, in denen sie einen regelrechten „Entzug" erlitten, diesen Zustand zu lindern versuchten, indem sie Fischfleisch oder Mandeldickmilch die Form von Eiern gaben. Manchmal zehren selbst Weise von der Illusion.

Eier im Höllenfeuer

Das Osterfest war durch einen reich gedeckten Tisch gekennzeichnet, aber auch durch alle möglichen Zerstreuungen, Spiele und sogar Eierschlachten, von denen die berühmteste die des Kapitels von Chester in Großbritannien ist. Sie geht auf das hohe Mittelalter zurück. Bevor der Bischof und der Dekan die Kirche betraten, bewaffneten sie sich mit Eiern und begannen an einer verabredeten Stelle der Messe, die Chorsänger damit zu bewerfen, die nun ihrerseits ihre Munition hervorholten. Nach dem Gottesdienst ging sich zunächst jeder waschen, bevor man gemeinsam eine Eierspeise teilte.

❖ 4 Eier
❖ 200 g frische, kräftige Gartenkräuter: Estragon, Kerbel, Koriander, Basilikum
❖ 4 Nudelteigplatten von 10 cm Kantenlänge
❖ Salz
❖ 1 EL Öl
❖ 30 g gesalzene Butter
❖ Saft von ¼ Zitrone
❖ Pfeffer

Drei Tage im Voraus die Eier und Kräuter in ein 3 Liter fassendes, flaches Gefäß füllen, luftdicht verschließen und an einen kühlen Ort stellen.

Am Tag der Verwendung in einem Grill ein Holzkohlefeuer entfachen und zu einer sehr heißen Glut herabbrennen lassen.

Die Eier mit einer Markierung versehen und etwa 20 cm über der Glut auf den Grillrost legen. 8 Minuten grillen, dabei alle 2 Minuten um eine Vierteldrehung wenden.

Die Teigplatten zwischen je zwei Bögen Klarsichtfolie legen und auf die erforderliche Größe ausrollen. Die obere Folie entfernen.

In einer Kasserolle reichlich Salzwasser zum Kochen bringen, das Öl hineingeben und die Teigplatten mithilfe der unteren Folie in das Wasser gleiten lassen, 4–5 Minuten garen. Abseihen, kalt abschrecken, auf Teller legen und warm stellen.

40 g der Kräutermischung hacken und gleichmäßig auf den gekochten Teigplatten verteilen.

Die Butter zerlassen und mit dem Zitronensaft und Pfeffer würzen. Die Eier vom Rost nehmen, schälen und auf die Kräuterbetten setzen. Eier und Kräuter mit der Butter beträufeln. Das Eigelb sollte noch weich sein, sodass es ein wenig über den Kräutern zerfließt.

Für das nebenseitige Bild wurden die Eier eingestochen, damit sie über der heißen Glut nicht platzen. Bei einem milderen Feuer ist das nicht notwendig.

Frittierte Fasaneneier mit Sauce béarnaise

Kinder, Kranke und Mönche erhielten nach dem Aderlass eine doppelte Ration Eier. Die tägliche Ration für Heranwachsende betrug zwölf Eier.

❖ Salz
❖ 8 Fasaneneier
❖ 1 Liter Traubenkernöl
❖ 70 g Butter
❖ 20 g sehr feine
  Semmelbrösel
❖ 100 g Feldsalat

**FÜR DIE SAUCE
BÉARNAISE**
❖ 110 g weiche Butter
❖ 10 g Schalotte,
  gehackt
❖ 50 ml Weißwein
❖ 30 ml Essig
❖ 5 g frischer Estragon,
  gehackt
❖ 1 Eigelb
❖ Salz, Pfeffer

In einer großen Kasserolle 3 Liter gesalzenes Wasser zum Kochen bringen.

Die Fasaneneier nacheinander auf einen Teller aufschlagen und vorsichtig in das kochende Wasser gleiten lassen; dabei das Eiweiß über das Eigelb ziehen. 3 Minuten pochieren und auf einem Küchentuch abtropfen und auskühlen lassen. Ausgefranstes Eiweiß abschneiden.

Das Öl auf etwa 130 °C erhitzen.

Für die Béarnaise 10 g der Butter zerlassen, die gehackte Schalotte darin anschwitzen, mit Weißwein und dem Essig ablöschen und die Hälfte des Estragons hinzufügen. Wenn die Flüssigkeit fast vollständig verkocht ist, vom Herd nehmen und etwas abkühlen lassen. Das Eigelb zusammen mit 10 – 20 ml Wasser in die Reduktion einrühren und alles bei geringer Hitze zu einer Emulsion verschlagen. Falls nötig, 1 Esslöffel lauwarmes Wasser zugeben. Salzen und pfeffern.

Die restliche Butter portionsweise unterschlagen. Die Béarnaise durch ein Sieb passieren, den verbliebenen Estragon unterrühren. Abschmecken und warm stellen.

Die 70 g Butter zerlassen. Die pochierten Eier in der Butter wenden und sehr behutsam mit den Semmelbröseln panieren, da sie beim Frittieren leicht aufplatzen.

Eine Servierplatte mit dem Feldsalat auslegen und die Mitte mit einer Schicht Béarnaise überziehen. Die panierten Eier je zwei auf einmal in das heiße Öl gleiten lassen und in 30 Sekunden ausbacken. Auf Küchenkrepp abtropfen lassen.

Die Eier auf der Sauce béarnaise anrichten, die restliche Sauce separat dazu reichen.

Omelett mit zweierlei Eiern

Links: Die Gänse,
Miniatur aus dem
15. Jahrhundert.

Ein Stör kann von sechzig bis zu dreihundert Kilogramm auf die Waage bringen. Die Kaviarausbeute beträgt zehn bis zwölf Prozent seines Gewichtes. Lange Zeit war Kaviar die Kost armer Fischer, die dem Fisch den Rogen entnahmen, um ihn überhaupt verkaufen zu können. Der Kaviar musste bis zum 15., ja 16. Jahrhundert warten, bis man ihn in den Adelsstand erhob.

❖ 2 mittelgroße
  Auberginen
❖ 150 ml Olivenöl
❖ 2 Knoblauchzehen,
  gegart
❖ Saft von ½ Zitrone
❖ Salz
❖ Pfeffer
❖ 4 Eier
❖ 30 ml Wasser
❖ 20 g Butter
❖ 40 g Sevruga-Kaviar

Den Ofen auf 180 °C vorheizen.

Die Auberginen waschen und längs halbieren. Auf ein Backblech legen, mit 50 ml Olivenöl beträufeln und 15 Minuten im Ofen backen.

Die Auberginenhälften aus dem Ofen nehmen, mit einem Löffel das Fruchtfleisch herauslösen und zusammen mit dem restlichen Öl, dem Knoblauch, Zitronensaft, Salz und Pfeffer in der Küchenmaschine pürieren. Beiseite stellen.

Die Eier in eine Schüssel aufschlagen und mit dem Wasser und 10 g zerlassener Butter verschlagen; salzen und pfeffern.

In einer Pfanne die restliche Butter zerlassen und darin aus der Eiermasse ein großes Omelett zubereiten. Auf einem Küchenbrett etwas abkühlen lassen.

Mit 4 runden Ausstechförmchen von 8 cm Durchmesser und 3 cm, Höhe 4 kleine Omeletts ausstechen und mitsamt dem Ausstechring auf Teller setzen. Die Ringe mit Auberginenpüree füllen, glatt streichen und gleichmäßig den Kaviar darauf verteilen. Die Ringe abziehen und die Kaviaromeletts servieren.

Blätterteigpastete mit Schneckenrührei und Rotweinsauce

Im Mittelalter war es Brauch, die auf dem Teller verbliebenen Eierschalen zu zerdrücken, um dieses rätselhafte Symbol des werdenden Lebens zu beseitigen.

FÜR DIE ROTWEIN-SAUCE

❖ ½ weiße Zwiebel
❖ 1 Möhre
❖ 20 g Lauch, nur die grünen Teile
❖ 1 Knoblauchzehe
❖ 1 Schalotte
❖ 70 ml Öl
❖ ½ Liter Rotwein
❖ ½ Liter Geflügelbrühe
❖ 1 Bouquet garni
❖ Salz, Pfeffer
❖ 5 g Sardellenpaste

FÜR DIE BLÄTTER-TEIGPASTETE

❖ 250 g Blätterteig
❖ 1 Eigelb zum Bestreichen

FÜR DAS RÜHREI

❖ 6 Eier
❖ 40 g Butter
❖ 10 g Schalotte, gehackt
❖ 16 Weinbergschnecken, ausgelöst
❖ Salz, Pfeffer
❖ 5 g Petersilie, gehackt

ROTWEINSAUCE:
Die Zwiebel, die Möhre, das Grüne vom Lauch sowie den Knoblauch und die Schalotte in Würfel schneiden.

In einer Kasserolle das Öl erhitzen und das Gemüse darin anschwitzen, ohne Farbe nehmen zu lassen. Den Rotwein in 3 Portionen hinzugießen und jedes Mal die Flüssigkeit reduzieren lassen. Mit der Geflügelbrühe auf die gleiche Weise verfahren. Das Bouquet garni einlegen; salzen, pfeffern und 30 Minuten sanft köcheln lassen.

Die Sauce durch ein feines Sieb passieren, dabei das Gemüse gut auspressen. Die Sardellenpaste einrühren und beiseite stellen.

BLÄTTERTEIGPASTETE:
Den Ofen auf 210 °C vorheizen.

Den Blätterteig 3 mm dünn ausrollen. Zwei Kreise von 17 cm Durchmesser ausstechen und die Teigplatten übereinander auf ein mit Wasser befeuchtetes Backblech legen. Die obere Platte gleichmäßig mit dem verschlagenen Eigelb bestreichen, dabei nicht über den Rand hinaus streichen.

Mit einem Messer 2 cm vom Teigrand entfernt rundherum einen Kreis einritzen und die Pastete im Ofen 20 Minuten backen.

Den vorgezeichneten Deckel herausschneiden und die Blätterteigpastete 5 Minuten im offenen Ofen trocknen lassen.

SCHNECKENRÜHREI:
Die Eier in einer Schüssel verschlagen und durch ein Sieb passieren, um die Hagelschnüre zu entfernen.

In einer Sauteuse 20 g Butter aufschäumen lassen und die Schalotte darin anschwitzen, ohne Farbe nehmen zu lassen. Die Schnecken und Eier hineingeben, salzen, pfeffern und mit einem Holzlöffel verrühren. Die Hitze verringern.

Besonders zu Beginn beständig umrühren, damit das Ei gleichmäßig stockt. Das fertige Rührei vom Herd nehmen und die restliche Butter unterziehen.

Die Blätterteigpastete auf eine Silber- oder Porzellanplatte setzen, mit dem Schneckenrührei füllen und mit der gehackten Petersilie bestreuen. Den Teigdeckel aufsetzen und die Rotweinsauce separat dazu reichen.

Pochierte Pfeffereier

Während der Fastenzeit gab es in Cluny keine Eier, wohl aber am Sonntag vorher, Quinquagesima genannt, dem etwa fünfzigsten Tag vor Ostern. An jenem Tag aßen die Mönche nach der Vesper (liturgisches Abendgebet) pochierte Peffereier, die gemeinhin à la main leste (aus lockerer Hand) genannt wurden.

❖ 2 Liter Wasser
❖ 150 ml weißer Essig
❖ Salz
❖ 8 Eier
❖ 4 schöne Salatblätter

FÜR DIE SAUCE
❖ 1 Schalotte, gehackt
❖ 80 g Butter
❖ Saft von 1 Zitrone
❖ 10 g zerstoßener
  Pfeffer
❖ Salz
❖ 15 g Schnittlauch-
  röllchen

In einer Kasserolle das Wasser mit dem Essig und Salz zum Kochen bringen.

Die Eier nacheinander auf eine Untertasse aufschlagen und behutsam in das köchelnde Wasser gleiten lassen; dabei mit einem Löffel das Eiweiß über das Eigelb ziehen.

4 Minuten pochieren, auf Küchenkrepp abtropfen lassen, ausgefranstes Eiweiß abschneiden. Die Eier warm stellen.

SAUCE:
Die gehackte Schalotte in der Hälfte der Butter anschwitzen, die restliche Butter hinzufügen und unter kräftigem Schlagen den Zitronensaft und den zerstoßenen Pfeffer zugeben. Mit Salz abschmecken und den Schnittlauch einstreuen.

Auf jeden Teller ein Salatblatt legen, die pochierten Eier darauf setzen und mit der Pfeffer-sauce überziehen.

Brötchen, mit Ei und Käse überbacken

Dies ist der Urahn des heutigen Croque-Monsieur. Die „Milchscheiben" (Käse) legte man zum Zerlaufen auf geröstete Brotscheiben und streute häufig noch Zimt und Zucker darüber. „In Subiaco aßen die Mönche im 14. Jahrhundert weich gekochte Eier, überzogen mit einer Sauce und ein wenig Käse dazu."

❖ 500 g Brotteig
  (siehe Seite 153)
❖ Salz
❖ 4 Eier
❖ 120 g Cîteaux-Käse
  (kleiner Trappisten-
  käse)
❖ 10 g Kümmel

Den Teig in zehn gleiche Stücke teilen. Die Teigstücke mit der hohlen Hand zunächst zu glatten Kugeln und dann zu länglichen Laibchen formen. Auf ein Backblech legen, mit einem befeuchteten Tuch bedecken und an einem luftigen Ort gehen lassen.

In einer großen Kasserolle 5 Liter Salzwasser zum Kochen bringen.

Die Brötchen einlegen und in 15–20 Minuten gar ziehen lassen. Auf einem Küchentuch abtropfen und abkühlen lassen.

Den Backofengrill vorheizen.

Die Eier in einer Kasserolle in kaltem Salzwasser aufsetzen und vom Siedepunkt an 9 Minuten kochen. Kalt abschrecken und schälen. Die abgekühlten Eier in gleichmäßige Scheiben schneiden. Den Käse entrinden.

Die Brötchen längs aufschneiden. Eine Hälfte mit dem Käse belegen, die Eierscheiben darauf legen, mit einer weiteren Scheibe Käse bedecken und den Kümmel darüber streuen. Mit der anderen Brötchenhälfte bedecken und fest andrücken, damit alles gut zusammenhält.

Die Brötchen auf einen Rost legen, unter den Backofengrill schieben und von beiden Seiten 5–6 Minuten rösten.

Käse

Dem heiligen Ugazon,
Schutzpatron der Käser

Welcher Käse ist keine Erfindung der Mönche?

Man muss schon lange nachdenken, um diese Frage zu beantworten. Denn einmal mehr waren es die Mönche, die sich das Wissen der Römer zu Eigen machten; wurde doch in Rom bereits ein blühender Handel mit Käse betrieben, der aus den italienischen Regionen dorthin gebracht wurde, aber auch aus den Alpengebieten der heutigen Schweiz als *caseus alpinus* in der römischen Hauptstadt eintraf. Doch die Mönche haben dieses Wissen nicht nur übernommen; die Erweiterung ihrer Kenntnisse vollzog sich im gleichen rasanten Tempo wie die Ausbreitung des Mönchtums selbst: Zu Beginn des 12. Jahrhunderts gab es in Frankreich neunzehn Klöster, am Ende des Jahrhunderts waren es bereits fünfhundertfünfundzwanzig und Anfang des 13. Jahrhunderts siebenhundert.

Jedes dieser Klöster betrieb Viehwirtschaft und verfügte über ausgedehnte Weideflächen. Dies traf besonders auf die Abteien der Zisterzienser zu, die, wie im Falle Clunys, beschlossen hatten, sich nicht vom Zehnt des Feudalsystems abhängig zu machen, sondern von ihren eigenen Ressourcen zu leben. Die Ländereien eines Klosters umfassten im Durchschnitt zweitausend Hektar Wald, Acker- und Weideland. Das 1114 gegründete Kloster in Clairvaux zählte im Jahre 1253 neunhundert Stück Vieh.

Um dieser beträchtlichen Arbeit Herr zu werden, wandten sich die Zisterzienser, die sich ihre knappe Zeit zwischen Arbeit und Gebet aufteilen mussten, an Konversen, „Bekehrte", die sich von der Welt abgewandt und zur religiösen Umkehr entschlossen hatten, aber außerhalb des den Mönchen vorbehaltenen Bereichs lebten. Sie unterlagen nicht der Observanz des monastischen Lebens, arbeiteten jedoch zum Großteil auf den Ländereien der Klöster.

Käseherstellung, Miniatur aus dem 15. Jahrhundert. Auf den Weiden der Klöster grasten mehrere hundert Stück Vieh. Um die viele Milch zu verbrauchen, stellten die Mönche zahlreiche Käsesorten her.

Käse – ein Verdienst der Klöster

Klöster waren Inseln der Gelehrsamkeit und der Reflexion. In jener Epoche verfügten sie über leistungsfähige „Abteilungen für Forschung und Entwicklung", besonders was die Behandlung des „Milchüberschusses" anging, der zur Herstellung unzähliger Käsesorten einlud. Doch ihre Erfindungsgabe machte nicht an den eigenen Klostermauern Halt; im Gegenteil, es gab auf den Generalkapiteln – den jährlichen Versammlungen, die das gesamte europäische Mönchtum mobilisierten (die der Zisterzienser fanden in Cîteaux statt) – einen regen Austausch über alle möglichen Verfahrensweisen, Kunstgriffe und „Betriebsgeheimnisse".

An diesen privilegierten Orten entwickelte sich das Wissen geradezu rasant. Und da „Bruder Bacchus" nicht nur über Wein und Rebstock wachte, sondern auch über die Käsereifung, war die rühmliche Hochzeit zwischen Wein und Käse nur eine Frage der Zeit. Danken wir diese wunderbare Allianz des guten Geschmacks den feinsinnigen Gaumen der Mönche, die zur Vervollkommnung der Käserei so wesentlich beigetragen haben!

Käse in der Fastenzeit

Milch, Butter und Käse waren im Refektorium stets gebilligt. Zur Begründung schrieb Hildemar: „Milch und Käse sind kein Fleisch, auch wenn sie aus dem Fleisch hervorgehen. Denn es ist nicht das Fleisch, das zur Milch wird, sondern das Futter selbst, das sich durch Gottes Willen in Milch verwandelt, um die Söhne Christi zu ernähren …" Eine Ausnahme gab es dennoch: Zu Fastenzeiten war der Genuss von Käse nur unter der Bedingung gestattet, dass er kein tierisches Lab enthielt. Um das zu erreichen, suchten die vielseitigen, findigen Mönche Abhilfe im Pflanzenreich: Sie verwendeten Spanische Kardone, Bitterdistel, Wilde Karde, Maiglöckchen (ihre Blüten und Stiele wurden in Rosenwasser eingeweicht und anschließend in die Milch getaucht; man brauchte nur kurz mit einem Holzlöffel umzurühren, und schon gerann die Milch), Ingwer und sogar Hechtrogen.

Die Namen der Käse

Die Zahl der Klosterkäse ist schier unerschöpflich. Darunter Käse aus Kuhmilch, Ziegen- und Schafsmilch, Weich- und Hartkäse; Käse aus sterilisierter und roher Milch. Sie heißen Saint-Nectaire, Saint-Paulin, Récollet, Marville, Port-Salut, Pont-l'Évêque, Saint-Maur, Coulommiers, Géromé, Gruyère, Vacherin, Brie. Hinzu kommen unzählige Sorten aus Italien, Deutschland, Belgien, Spanien, Holland … Oder nehmen wir den Münster, dessen Name von *monasterium* (lateinisch: Kloster) abgeleitet ist; den Tête de Moine, der ursprünglich aus der Abtei der Prämonstratenser im Schweizer Jura stammt (um die Kunde seines feinen Aromas zu verbreiten, sandte der Abt im 15. Jahrhundert zwei Exemplare an die Gemeinde von Porrentruy). Oder den Roquefort, der ab dem 11. Jahrhundert im Kloster Conques in Aveyron hergestellt wurde; oder den Cîteaux, der wie der Coulommiers ein Verdienst der Templer ist und dort noch heute produziert wird.

Aus purem Regionalstolz bin ich versucht, auch den Époisse zu erwähnen, der fraglos auf eine Ordensgemeinschaft aus dem 16. Jahrhundert in dem gleichnamigen Ort im Burgund zurückgeht. Eine weitere Spezialität aus dem Norden des Burgund ist der Aisy cendré, auch ein Relikt aus früheren Zeiten, dessen Name (cendré: in Asche gewendet) auf die damalige Methode anspielt, den Käse mangels Salz, das rar und teuer war, vor dem Reifen in Holzasche zu rollen.

Der Käsekonsum in den Klöstern

Der Käseverbrauch der Klöster war zum Teil beeindruckend, aber auch umstritten und je nach Orden und Epoche sehr unterschiedlich. Im 11. Jahrhundert bekam jeder Mönch zwischen siebzig und hundertzehn Gramm pro Tag. In Monte-Vergine hingegen standen ihm im 15. Jahrhundert gerade mal zweihundert Gramm pro Woche zu, und in Cluny teilten sich an den fünf Hauptfeiertagen je drei Mönche ein Pfund Käse, dazu erhielt jeder fünf Oblaten. Der Abt, Prior und Subprior bekamen eine doppelte Portion. Zu Zeiten der Karolinger bezog das Kloster in Saint-Germain-des-Prés jährlich zwölftausend Pfund, das in Saint-Wandrille fünfzehnhundertfünfundsiebzig Pfund Käse.

79

„Obolus" mit Parmesan

Geschickte Landwirte, die sie waren, hatten Mönche ihre eigenen Methoden der Käse-herstellung. Im 12. Jahrhundert brauchten sie für einen Laib Parmesan tausend Liter Milch. Doch der „Obolus" war alles andere als gehaltvoll. Ein neun Monate alter Parmesan ent-hielt nicht mehr als 33 Prozent Fett.

❖ 100 g Parmesan,
  gerieben
❖ Salz

Den Ofen auf 200 °C vorheizen.

Auf ein Backblech mehrere Ausstechringe von 6 cm Durchmesser legen.

Die Kreisfläche innerhalb der Ringe mit einer feinen Schicht Käse ausstreuen. Einige Körn-chen Salz hinzufügen und die Ringe abnehmen.

Die „Obolusse" im Ofen einige Minuten Farbe nehmen lassen. Vom Blech lösen und auf einer Platte anrichten.

Windbeutelchen mit Roquefortcreme

Karl der Große, so heißt es in der Chronik von Sankt Gallen, der nicht nur eine Schwäche für große Braten, sondern auch für Käse hatte, kam eines Tages unerwartet zu einem armen Bischof. Es war ein Fastentag, und der Bischof servierte dem Kaiser einen grün gesprenkelten Käse. Karl der Große begann sogleich, mit seiner Messerspitze die grünen Punkte zu entfer-nen, doch als sein Gastgeber ihn überzeugte, dass gerade die das Beste seien, aß er den Käse, so wie er war, und mit sichtbarem Genuss.

FÜR DEN BRANDTEIG
❖ ¼ Liter Wasser
❖ 50 g Butter
❖ 1 Prise Salz
❖ 150 g Mehl, durch-
  gesiebt
❖ 4 Eier
❖ 20 ml Öl für das
  Backblech
❖ 1 Eigelb zum
  Bestreichen

FÜR DIE FÜLLUNG
❖ 100 g Roquefort
❖ 50 g Sahne
❖ 3 cl Portwein
❖ 20 g Pinienkerne

Den Ofen auf 210 °C vorheizen.

Für den Brandteig das Wasser, Butter und Salz in einer Kasserolle zum Kochen bringen. Das Mehl auf einmal hineinschütten und mit einem Holzlöffel kräftig rühren, bis sich ein glatter Mehlkloß bildet. Die Hitze reduzieren und den Teig 10 Minuten weiter durcharbeiten, bis er sich vom Topfboden löst.

Die Brandmasse von der Kochstelle nehmen und nach und nach mit dem Holzlöffel die Eier einarbeiten. Vor der weiteren Verwendung 1 Stunde ruhen lassen.

Ein Backblech mit Öl einfetten und aus dem Brandteig mithilfe eines Teelöffels oder eines Spritzbeutels mit Lochtülle kleine Windbeutel darauf setzen. Vorsichtig mit dem Eigelb be-streichen. Im Ofen 15 Minuten backen, bis sie fest und goldgelb sind.

Mit dem Handrührgerät für die Füllung den Roquefort, Sahne und Portwein verrühren. Zum Schluss die Pinienkerne untermischen. Die Käsecreme in einen Spritzbeutel mit ausrei-chend großer Lochtülle füllen.

Die Windbeutel von der Unterseite her etwas aushöhlen und mit der Roquefortcreme füllen, damit die Gebäckstücke beim Servieren unversehrt erscheinen. Man kann sie auch horizontal durchschneiden, die Füllung mit einem Spritzbeutel und Sterntülle auf die Unterteile spritzen und die Oberteile darauf setzen.

Mangoldtarte mit zweierlei Käse

Im Kloster Pollenza fertigten die Klarissen einen Kuchen aus zwei Käsesorten (einem Weich- und einem halbfesten Käse), einigen Mangoldblättern, Petersilie, Kerbel, einem Zweig Fenchelgrün und zwei Hand voll Spinat oder Salatblättern.

- 150 g Mangoldblätter, geputzt
- 100 g Butter
- 100 ml Geflügelbrühe
- 5 g Fenchelsamen
- Salz, Pfeffer
- 80 g Emmentaler, gerieben
- 150 g Ziegenfrischkäse
- 50 g Crème fraîche
- 1 Ei, 1 Eigelb
- Muskatnuss
- 200 g Blätterteig

Den Ofen auf 200 °C vorheizen.

In einer Kasserolle die Mangoldblätter blanchieren, kalt abschrecken und abtropfen lassen.

In einer Sauteuse die Butter zerlassen und den Mangold darin sanft anschwitzen; die Brühe hinzugießen. Die Fenchelsamen einstreuen, salzen, pfeffern und 15 Minuten köcheln lassen.

Sobald die Brühe verkocht ist, ⅔ des Emmentalers hineinstreuen und sorgfältig unter den Mangold mischen. Beiseite stellen.

Den Ziegenfrischkäse, Crème fraîche, Ei und Eigelb sowie Salz, Pfeffer und frisch geriebene Muskatnuss in der Küchenmaschine zu einer glatten Masse verarbeiten.

Den Blätterteig ausrollen und eine flache, runde Backform damit auskleiden.

Die Käsecreme bis zur halben Höhe einfüllen, mit den Mangoldblättern bedecken und mit dem restlichen Emmentaler bestreuen.

Im Ofen 20 Minuten backen. Heiß servieren.

Pikanter Käsekuchen

In der Zeichensprache von Cluny drückte man das Wort „Käse" aus, indem man den kleinen Finger vor den Mund nahm.

Der Käsekuchen war eine Spezialität der Septuagesima (neunter Sonntag vor Ostern). Neben Eiern und Käse enthielt er verschiedene Gewürze und Safran.

- ¼ Liter Milch
- Salz
- Pfeffer
- Muskatnuss
- 60 g Butter
- 50 g Mehl
- 1 Ei, getrennt
- 120 g Gruyère, gerieben
- 100 g einer würzigen Trockenwurst
- 200 g Blätterteig

Den Ofen auf 200 °C vorheizen.

In einer Kasserolle die Milch, Salz, Pfeffer und frisch geriebene Muskatnuss zum Kochen bringen.

In einer weiteren Kasserolle die Butter zerlassen, das Mehl einstreuen und unter ständigem Rühren 10 Minuten anschwitzen.

Die Mehlschwitze mit der Milch aufgießen und unter kräftigem Rühren aufkochen, bis eine glatte, gebundene Béchamel entstanden ist. Von der Kochstelle nehmen und etwas abkühlen lassen.

Das Eigelb, den geriebenen Käse und die in kleine Würfel geschnittene Wurst untermischen. Das Eiweiß steif schlagen und unterheben.

Den Blätterteig ausrollen, eine flache, runde Backform damit auskleiden und die Masse einfüllen. Im Ofen 15–20 Minuten backen und sofort servieren.

Käse-Savarin mit Gemüse

In Cluny wurden am Montag und Dienstag der Bittprozessionen (die drei Tage vor Himmel-fahrt) Käse-Savarins verteilt. Jeder von ihnen wog zwei Pfund. Die Mönche bekamen je einen Savarin, der Abt und der Prior deren zwei.

- ❖ 1 Liter Milch
- ❖ Salz
- ❖ Pfeffer
- ❖ Muskatnuss
- ❖ 1,6 Liter kräftige Gemüsebrühe
- ❖ 130 g Butter
- ❖ 60 g Mehl
- ❖ 2 Eigelb
- ❖ 200 g Beaufort (französischer Berg-käse), gerieben
- ❖ 4 kleine weiße Zwiebeln
- ❖ 30 g Kopfsalatblätter
- ❖ 150 g Erbsen, enthülst
- ❖ 1 Prise Zucker
- ❖ Einige Zweige Kerbel

Den Ofen auf 200 °C vorheizen.

In einer hochwandigen Kasserolle die Milch, Salz, Pfeffer und geriebene Muskatnuss zum Kochen bringen.

In einem weiteren Topf 1½ Liter der Gemüsebrühe einkochen, bis sie von sirupartiger Konsistenz ist. Eine Savarinform von 20 cm Durchmesser von innen mit der reduzierten Brühe einstreichen und auskühlen lassen.

In einer Kasserolle 80 g Butter zerlassen, das Mehl kurz darin anschwitzen, mit der kochen-den Milch auffüllen und unter Rühren aufkochen.

Die Béchamel von der Kochstelle nehmen und etwas abkühlen lassen. Nacheinander die Eigelbe und den geriebenen Käse unterrühren. Die Masse in die vorbereitete Form füllen. Im Ofen im Wasserbad 20 Minuten garen.

Inzwischen die Zwiebeln 12 Minuten in kochendem Salzwasser garen, abtropfen lassen und beiseite stellen.

In derselben Kasserolle die restliche Butter zerlassen, die Zwiebeln, Salatblätter, Erbsen, die verbliebene Brühe und eine Prise Zucker hinzufügen und 6 Minuten bei geringer Hitze köcheln lassen.

Den Savarin aus dem Ofen nehmen und einige Minuten abkühlen lassen. Auf eine runde Platte stürzen und die Erbsen mit der Garflüssigkeit in die Mitte füllen. Mit einigen Kerbel-zweigen garnieren und servieren.

Fisch

Dem Sankt Hærinc
oder Seiner Majestät, dem Hering,
oder dem heiligen Petrus, Fürst der Apostel

Das Fasten

Bei Fisch denkt man heute in erster Linie an leichte, gesunde Kost, an Diät und Genuss, selten aber an Freitag oder gar Karfreitag. Im Mittelalter dachte man hingegen sofort an Fasten, Fastenzeit, Buße und Kasteiung. Der religiöse Eifer hat im Laufe der Jahrhunderte sicher etwas nachgelassen; ursprünglich kannte das Mönchtum aber rund 160 Abstinenztage pro Jahr. Dazu gehörten der Mittwoch, Freitag und Samstag jeder Woche, die Fastenzeit, die Festvigilien (Vigilien vor Weihnachten, Pfingsten und Allerheiligen) und „die Fasten der vier Jahreszeiten" (Quatembertage), die jeweils den ersten drei Tagen der Jahreszeiten entsprachen.

Diese langen Phasen der Enthaltsamkeit schrumpften im Laufe der Zeit immer mehr zusammen. Der treue Freund, der den Mönchen half, die Entbehrungen dieser beschwerlichen Tage ein wenig zu lindern, war der Fisch. Man kann sich lebhaft vorstellen, welche Bedeutung er im Mittelalter für die Ernährung der Orden gehabt haben muss. Ganz im Gegensatz zum Schlachtvieh, das die Benediktus-Regel wegen seines roten, heißen, die Sinne berauschenden Fleisches verbietet, genoss Fisch mit seinem von der Reinheit des Wassers geschenkten weißen, mageren Fleisch allseitige Absolution.

Süßwasserfische

Ihren täglichen Bedarf an Fisch deckten die Mönche aus den Wasserläufen, Weihern und Seen ihrer Ländereien. Sie schätzten besonders den Fisch des klaren, steinigen Süßwassers. Um den steigenden Verbrauch sicherzustellen, legten sie später Fischbecken mit kleinen Kaskaden an. Doch auch das reichte häufig kaum aus, und so begannen die Klöster von anderen Prioraten zusätzlichen Fisch zu beziehen. Cluny ließ sich zum Beispiel 1377 fünftausend Seefische aus Abbeville kommen, zweitausend Fische aus Dompierre und weitere zweitausend aus Beussant.

Außer den Fischbassins verdanken wir besonders den Mönchen im Burgund eine große Anzahl von Zuchtweihern. Dabei beherrschten sie auch die Technik der künstlichen Befruchtung. In den Ordensregeln werden unter den Zuchtfischen Karpfen, Forelle, Flussbarbe, Schleie, Flussbarsch und Hecht erwähnt. Zu den Fangfischen gehörten Ukelei, Plötze, Alse, Elritze und Äsche. Selbst Krebse werden erwähnt.

Aus dem Leben des heiligen Franziskus von Giotto. Der heilige Franziskus ermahnt seine Brüder zur Liebe gegenüber Gott, zur Armut und dem Evangelium. Der Tisch vor ihm ist gedeckt mit einfachen Speisen, Brot, Wein und Fisch.

Rechts: **Fischfang mit dem Netz,** Miniatur aus dem 15. Jahrhundert.

Meeresfische

Für viele Meeresfische besitzt die kluniazensische Zeichensprache ein eigenes Zeichen, darunter Hering, und zwar roh sowie geräuchert als Bückling, Stör, Lachs, der im Süßwasser ablaicht (die Jungfische bleiben zwei bis drei Jahre im Süßwasser) und dann ins Meer zieht, Meerneunauge, Aal, Meeräsche, Dorsch, Sardine und Sardelle. In Sankt Gallen gesellten sich im 10. Jahrhundert auf der Liste der gepriesenen Fische noch Meerbarbe, Knurrhahn, Wal und Pottwal hinzu. Nicht gerade ein dürftiges Aufgebot für Abstinenztage!

Offensichtlich hatten die Klöster Fisch in Hülle und Fülle, was den Mönchen das Fasten erträglicher werden ließ. Doch der Abt war es den Brüdern auch schuldig, für Salz und die rechte Würze des Fisches sowie für das zu seiner Zubereitung nötige Öl zu sorgen – ein nicht zu unterschätzendes kulinarisches Zugeständnis. Den Rest erledigte – hoffentlich gelenkt von göttlicher Inspiration – die schöpferische und kunstfertige Hand des *coquinarius*.

Der Fischmarkt,
Miniatur aus dem
15. Jahrhundert.
Fisch ist die Speise
der Abstinenztage.

Das Salz und Seine Majestät, der Hering

Spricht man über Fisch in jener Zeit, so darf ein Würz- und Konservierungsmittel nicht unerwähnt bleiben, ohne das der Fisch nur schwerlich hätte konserviert und transportiert werden können: Salz. Schon sehr früh suchte man nach geeigneten Konservierungsmethoden für die Vorratshaltung, denn das zarte Fischfleisch verdarb schnell. Also bedienten sich die Mönche schon bald der konservierenden Kraft des Salzes. Man muss bedenken, dass im Mittelalter Fisch nur selten frisch gegessen wurde (außer vielleicht in Fleury, wo die Loire die täglich frische Deckung des Bedarfs garantierte und man daher lediglich Heringe einsalzte), sondern zumeist über Buchen- oder Eichenreisig geräuchert oder getrocknet – Methoden aus Olims Zeiten – oder eben gesalzen.

„Der Auserwählte", jener Fisch, der der treueste Verbündete des Salzes werden sollte, war natürlich der Hering. Bei den Römern noch unbekannt, wurde er im Mittelalter wegen seines reichen Vorkommens schnell zum Fisch des ganzen Volkes und galt gleichsam als Manna Europas. Die Angelsachsen nannten ihn „King Herring", die Franzosen „Sa Majesté le hareng", und in Boulogne nannte man ihn noch treffender *saint Harenc*. Kurzum, der Hering war im Mittelalter der König der Fastenzeit.

Bis zum Ende des 12. Jahrhunderts unterstanden die Salinen zum Teil den Lehnsherren, hauptsächlich aber den Klöstern. Letztere hatten den größten Anteil an der europäischen Salzversorgung. Im 13. Jahrhundert fielen die Salinen dann in weltliche Hände; nichtsdestotrotz behielt das Salz seine symbolische Bedeutung: Es galt als reinigend, schützend, erlösend und Segen bringend.

Weitere prominente „Opfer" des Salzes wurden Sardellen, Sardinen, Wal, Dorsch, Meeraal und viele andere, doch Favorit blieb der Hering. In seiner großen Zeit diente er sogar als Zahlungsmittel. Die Mönche von Saint-Josse erhielten zum Beispiel vom Herzog Matthieu de Boulogne für die Verpachtung eines ihrer Landstücke jährlich zehntausend Heringe. Die Pacht – nicht die Rechnung – durfte auch „gesalzen" sein.

Salz, Miniatur
aus dem 16. Jahr-
hundert. Bis zum
13. Jahrhundert
unterstanden die
Salinen fast aus-
schließlich den
Klöstern, die ganz
Europa mit Salz
versorgten.

Die Fastenzeit

Im Laufe dieses Kapitels ist deutlich geworden, welchen Stellenwert Fisch während der Qua-
dragesimalzeit, dem vierzigtägigen Fasten vor Ostern, hatte und in welchem Maße neben der
Qualität der Produkte auch die Cleverness, Gewandtheit und Fantasie des Kochs sogar der
Fastenküche Glanz verleihen kann. Einem Großen dieser Zunft mit dem treffenden Namen
Antonin Carême (Carême: zu Deutsch „Fastenzeit") gebühren die abschließenden Worte dieses
Kapitels: „Während meiner Arbeit erfuhr ich die Weihen dieser feinen Kochkunst (die
Fastenküche). Zwei Jahre lang arbeiteten Laguipière (ein weiterer Koch) und ich, um diese
große, erlesene Küche mit neuem Leben zu erfüllen. Wir gaben der Kirche die Enthaltsamkeit
zurück."

   Das war sicherlich nicht jene „Enthaltsamkeit", der Brillat-Savarin (1755–1826, Autor des
berühmten Werks „Physiologie des Geschmacks") frönte, der einmal eingestand, dass für ihn der
Sinn des Fastens einzig darin bestünde, es wieder zu brechen.

Aal- oder Katzenhairagout nach Fastenart

Müller waren sehr geschickt im Fangen von Aalen. Da ihre Mühlen den Klöstern unterstanden, waren sie verpflichtet, den hundertsten Teil ihres Fangs an die Mönche abzutreten, was jene sehr zu schätzen wussten. Die Region Maine war berühmt für ihre Aale.

- ❖ 2 Katzenhaie, je 600 g
- ❖ 40 g gesalzene Butter
- ❖ 20 g Schalotte, gehackt
- ❖ 30 g Zwiebel, gehackt
- ❖ 2 Knoblauchzehen
- ❖ 1 Gewürznelke
- ❖ 1 Zweig Thymian
- ❖ 1 Lorbeerblatt
- ❖ 5 g Pfefferkörner
- ❖ Salz
- ❖ ½ Liter trockener Weißwein
- ❖ 100 g Champignons
- ❖ 20 g Petersilie, gehackt
- ❖ 80 ml Petersiliensaft (aus gehackten Petersilienstängeln)

Die Katzenhaie in 6 cm lange Stücke zerteilen.

In einer großen Sauteuse 20 g Butter zerlassen und die Schalotte, Zwiebel, den Knoblauch, Gewürznelke, Thymian, Lorbeer, Pfefferkörner und Salz kurz darin anschwitzen. Die Fischstücke einlegen, etwas Farbe nehmen lassen, das überschüssige Fett abgießen und mit ⅓ des Weines ablöschen. Die Flüssigkeit einkochen lassen, den restlichen Wein hinzugießen und die Sauteuse mit einem Deckel verschließen. Den Fisch auf niedriger Stufe 15 Minuten garen.

Inzwischen die Champignons putzen und mit einem feuchten Tuch abreiben; nur die Köpfe verwenden. In einer Sauteuse die Champignons in der restlichen Butter 4 Minuten sautieren und beiseite stellen.

Den Fisch, sobald er gar ist, aus dem Topf nehmen und abgedeckt beiseite stellen. Die Garflüssigkeit reduzieren, die Champignonköpfe hinzufügen, abschmecken und die Fischstücke zum Erwärmen wieder einlegen. Kurz aufkochen und von der Kochstelle nehmen.

Die gehackte Petersilie und je nach gewünschter Farbe einen Teil oder den gesamten Petersiliensaft unterrühren. Die Sauce darf nicht mehr kochen, damit sie leuchtend grün bleibt. Sofort servieren.

In diesem Rezept wurde Katzenhai verwendet. Aal ist ein Flussfisch, der selbst für passionierte Köche nicht so leicht zu handhaben ist.

Natürlich werden die Champignonstiele nicht weggeworfen. Gehackt und auf einem Blech im Ofen getrocknet, kann man sie zum Würzen anderer Gerichte verwenden. Das gilt übrigens für alle Pilzsorten.

Gehaltvolle Aalpastete

Im Refektorium des Klosters von Sens, so berichtete der italienische Geistliche Funck-Brentano, gab es bei einem Essen des heiligen Ludwig im Jahre 1248 „außer Fisch, Krebs-schwänzen (…) auch Aalpastete".

Die Haut der Aale vom Fischhändler abziehen lassen. Die Aale in 20 cm lange Stücke schneiden und in einer großen Pfanne erhitzen, damit sie überschüssiges Fett abgeben. Das Fett weg-gießen.

- ❖ 2 Aale, je 400 g
- ❖ 20 g Butter
- ❖ 20 g Schalotte, gehackt
- ❖ 10 g Zwiebel, gehackt
- ❖ 1 Knoblauchzehe, gehackt
- ❖ 100 g Champignons, fein gehackt
- ❖ 300 ml Weißwein
- ❖ 100 g entrindetes Weißbrot
- ❖ 100 ml Milch
- ❖ 10 g Petersilie, gehackt
- ❖ Salz
- ❖ Pfeffer
- ❖ 3 hart gekochte Eier

FÜR DIE SAUCE
- ❖ 100 ml Crème fraîche
- ❖ 50 ml Kressesaft
- ❖ Saft von ¼ Zitrone
- ❖ Salz

In einer Sauteuse die Butter zerlassen und die Schalotte, Zwiebel, Knoblauch und Champignons darin anschwitzen. Die Aalstücke einlegen, den Weißwein zugießen und 5 Minuten garen. Von der Kochstelle nehmen und abkühlen lassen. Die Hälfte der Garflüssigkeit abnehmen und beiseite stellen.

Das entrindete Weißbrot in der Milch einweichen. Die Aalstücke aus dem Topf nehmen. Die im Topf verbliebene Flüssigkeit etwas einkochen, das ausgedrückte Weißbrot, die Petersilie, Salz und Pfeffer einrühren und alles sorgfältig vermischen. Die Farce beiseite stellen.

Die Eier schälen und in gleichmäßige Scheiben schneiden.

Eine rechteckige Terrinenform von 20 cm Länge mit Klarsichtfolie auskleiden. Einen Teil der Farce einfüllen und glatt streichen, anschließend immer abwechselnd eine Lage Aal, Farce und Eierscheiben einschichten. Mit der Farce abschließen.

Die Terrine mit der zurückbehaltenen Garflüssigkeit auffüllen und einige Stunden kalt stellen.

SAUCE:
Die Crème fraîche mit dem Kressesaft glatt rühren, den Zitronensaft beimengen, salzen und kurz aufschlagen. Die Terrine stürzen, in Scheiben schneiden und auf einer länglichen Platte anrichten. Die Sauce separat dazu reichen.

Beim Festwerden der Terrine dient das Aalfett als Geliermittel.

Zander mit Lorbeer

Die Legende erzählt die schöne Geschichte der Daphne, jener Nymphe, die von den Göttern des Olymps in einen Lorbeerbaum verwandelt wurde, damit sie den beharrlichen Nachstellungen des Apoll entging: Die zarte Rinde verdeckte ihren Körper, ihr Haar wurde zu Laub, ihre anmutigen Arme zu Zweigen, ihre Füße zu kräftigen Wurzeln. Apoll, um sich zu trösten, bedeckte sich mit ihren Blättern. Geblieben von den Lorbeeren des Apoll ist der Name des Gewürzes, das wir als Teil des Bouquet garni kennen.

❖ 12 Lorbeerblätter
❖ 2 Knoblauchzehen, in Scheiben geschnitten
❖ 200 ml Bratensaft
❖ 600 g Zander, in Portionen von je 150 g geschnitten
❖ Saft von 1 Zitrone
❖ Salz, Pfeffer
❖ 200 ml Geflügelbrühe
❖ 100 ml Sahne

Den Ofen auf 160 °C vorheizen.

In einer Kasserolle die Lorbeerblätter und den Knoblauch in dem Bratensaft ziehen lassen. Den Fisch mit Zitronensaft säuern, salzen und pfeffern; die Geflügelbrühe erhitzen.

Die heiße Brühe in eine Bratenpfanne oder ofenfeste Form gießen, die zum Aromatisieren des Bratensaftes verwendeten Lorbeerblätter hinzufügen und den Fisch einlegen. Die Pfanne oder Form mit einem Deckel verschließen und den Fisch 6 Minuten im Ofen garen. Einen Moment ruhen lassen. Die Garflüssigkeit in eine Kasserolle umfüllen, die Sahne einrühren und alles zu einer dickflüssigen Sauce einkochen. Abschmecken.

Den Fisch auf einer Platte anrichten und vorsichtig die Haut ablösen. Das Fleisch mit der Sauce nappieren, die Haut wieder auflegen und mit den Lorbeerblättern garnieren. Den Bratensaft mit den Knoblauchscheiben erhitzen und ihn um den Fisch herum schöpfen.

Gebackener Karpfen „Hartmannswillerkopf"

❖ 2 Karpfen, je 800 g
❖ Salz, Pfeffer
❖ 200 ml Traubenkernöl

FÜR DIE PANADE
❖ 100 g Mehl, durchgesiebt
❖ 2 Eier und 3 Eigelb, verschlagen
❖ 200 g feine Semmelbrösel

FÜR DIE WARME TARTARENSAUCE
❖ 3 Eigelb
❖ 50 ml heißes Wasser
❖ 300 ml Erdnussöl
❖ 30 ml Weinessig
❖ Saft von ½ Zitrone
❖ 5 g Senf
❖ 10 g Cornichons, gehackt
❖ 10 g Kapern, gehackt
❖ Salz, Pfeffer

Der Karpfen stammt aus dem Orient und gelangte mit den Kreuzzügen nach Europa. Ab dem 12. Jahrhundert war er fester Bestandteil der klösterlichen Küchenzettel. Sein Fleisch wurde wie das des Hechtes häufig mit Aalstücken gespickt.

Die Karpfen in einem großen Topf in kochendem Wasser 1–2 Minuten blanchieren, mit einem Messer etwaige Schlammreste abschaben und die Fische unter kaltem Wasser abspülen.

Die Schuppen entfernen und die Filets auslösen. Die Filets in zwei Hälften schneiden, salzen, pfeffern und in dem Mehl wenden; das überschüssige Mehl abklopfen. Die Fischstücke durch das verschlagene Ei ziehen und in den Semmelbröseln wenden; die Panade etwas andrücken.

Für die Sauce die Eigelbe, das Wasser, Öl, Essig, Zitronensaft und Senf in einer Kasserolle bei geringer Hitze verrühren. Die Cornichons und Kapern untermischen; salzen und pfeffern.

In einer ovalen Pfanne das Traubenkernöl erhitzen; sobald es siedet, die panierten Karpfenfilets einlegen und von beiden Seiten 4 Minuten backen. Auf Küchenkrepp abtropfen lassen.

Die Karpfenfilets auf einer Platte anrichten und die lauwarme Tartarensauce in einer Sauciere dazu reichen.

Dieses Gericht erinnert mich immer an meinen Vater, der mich nach jeder Partie Schach am Hartmannswillerkopf (Berggipfel in den Vogesen) zu gebackenem Karpfen einlud.

Rechts: **Das Einsalzen von Fisch, Miniatur aus dem 15. Jahrhundert. Zur Haltbarmachung wurde Fisch geräuchert, getrocknet oder gesalzen.**

Hechtmedaillons mit Sauce béarnaise

Der Hecht wurde auch „König der Vielfraße" oder „Süßwasserhai" genannt, was erklärt, warum ihn die Mönche in gesonderten Teichen zogen. Flusshechte durften ausschließlich von den Mönchen gefangen werden. Der einfache Mann besaß kein Fangrecht, und wenn er aus Versehen einen Hecht an der Angel hatte, so musste er ihn „quicklebendig und so sanft wie möglich wieder zu Wasser lassen".

❖ 600 g Hechtfilet
❖ Salz
❖ Pfeffer
❖ 200 ml Olivenöl
❖ Saft von 1 Zitrone
❖ 2 Knoblauchzehen, angedrückt
❖ 10 g rotes Basilikum
❖ 100 g zerlassene Butter
❖ 100 g feine Semmelbrösel
❖ 16 Blätter frischer Estragon

FÜR DIE SAUCE BÉARNAISE
❖ 100 g weiche Butter
❖ 10 g Schalotte, gehackt
❖ 5 g Estragon, gehackt
❖ 30 ml Essig
❖ 50 ml Weißwein
❖ 1 Eigelb
❖ Salz
❖ Pfeffer

Mithilfe einer Zange oder Pinzette die Gräten aus den Hechtfilets entfernen. Die Filets zu Röllchen von 4 cm Durchmesser aufrollen und in Abständen von 2 cm mit Küchengarn umwickeln. Kräftig salzen und pfeffern. 150 ml Öl mit dem Zitronensaft, den Knoblauchzehen und dem Basilikum verrühren und die Fischröllchen darin 4 Stunden marinieren.

Für die Sauce in einer Kasserolle 10 g Butter zerlassen und die Schalotte darin anschwitzen. Die Hälfte des Estragons hinzufügen und mit dem Essig und Weißwein ablöschen. Sobald die Flüssigkeit fast verkocht ist, vom Herd nehmen und etwas abkühlen lassen. Das Eigelb mit 10–20 ml Wasser in die Reduktion einrühren und alles bei geringer Hitze zu einer Emulsion verschlagen. Falls nötig, 1 Esslöffel lauwarmes Wasser zugeben. Salzen und pfeffern. Die restliche Butter portionsweise unterschlagen. Die Béarnaise durch ein Sieb passieren und den verbliebenen Estragon unterziehen. Abschmecken und warm stellen.

In einer länglichen Pfanne das restliche Olivenöl erhitzen und die Hechtröllchen rasch von allen Seiten 2–3 Minuten anbraten. Abtropfen und abkühlen lassen und zu 16 Medaillons von 2 cm Dicke schneiden.

In tiefe Teller 80 g der zerlassenen Butter und die Semmelbrösel verteilen. Die Medaillons zuerst in der Butter, dann in den Semmelbröseln wenden und die Panade etwas andrücken, damit sie haften bleibt.

In einer Pfanne die restliche Butter aufschäumen lassen und die Medaillons darin von beiden Seiten in 4 Minuten Farbe nehmen lassen. Auf Küchenkrepp abtropfen lassen.

Auf jedem Teller 4 Medaillons anrichten und mit der Sauce béarnaise überziehen. Die restliche Sauce in einer Sauciere dazu reichen.

Die Estragonblätter kurz in kochendes Wasser tauchen und die Hechtmedaillons damit garnieren.

Das Öl der Marinade nicht wegwerfen. Man kann daraus eine Fischvinaigrette bereiten.

Forelle „Buffon" *(Nach André Belin)*

- 4 Forellen, je 200 g
- Salz, Pfeffer
- 120 g Butter
- 2 Bananen, geschält und längs halbiert
- 1 unbehandelte Orange, kanneliert und in Scheiben geschnitten
- Saft von 1 Orange
- Saft von ½ Zitrone
- 5 g Petersilie, gehackt

FÜR DIE FÜLLUNG
- 20 g Schalotte, gehackt
- 20 g Butter
- 70 g Spinat, blanchiert
- 70 g Champignons, geputzt
- 15 g frische Kräuter (Kerbel, Petersilie, Schnittlauch)
- Salz, Pfeffer

Das klare, kühle und reine Wasser aus dem Tal von Fontenay diente Ludwig XV. als Tafelwasser. Ein Stückchen weiter talabwärts tummelten sich in den Zuchtbecken des Klosters quecksilberige Forellen. Nicht selten landeten sie als Pastete auf der königlichen Tafel.

Den Ofen auf 180 °C vorheizen.

Die Forellen waschen, die Flossen und Kiemen entfernen. Den Rücken zu beiden Seiten des Flossenansatzes tief einschneiden und das Fleisch dabei von der Mittelgräte lösen. Die Mittelgräte am Kopf- und Schwanzende durchtrennen und mitsamt den Eingeweiden herausziehen. Die Forellen von innen salzen und pfeffern.

Für die Füllung die Schalotte in der Butter anschwitzen. Spinat, Champignons und Kräuter hacken und unter die Schalotte mischen; salzen und pfeffern. Die Forellen mit der Masse füllen, bei Bedarf mit Küchengarn umwickeln.

In einer großen, ofenfesten Pfanne 100 g Butter aufschäumen lassen und die Forellen darin von beiden Seiten kurz anbraten. Die Pfanne lose mit einem Deckel verschließen, damit die Fische saftig bleiben, und im Ofen 4 Minuten unter einmaligem Wenden garen. Den Gargrad der Forellen prüfen; wenn sie gar sind, aus der Pfanne nehmen und warm stellen.

Das Fett aus der Pfanne abgießen. Die restliche Butter zerlassen und die Bananenhälften darin etwas Farbe nehmen lassen. Die Hälfte der Orangenscheiben dazugeben. Den Fond mit dem Orangen- und Zitronensaft ablöschen, die Petersilie einrühren, salzen und pfeffern.

Die Forellen auf einer Servierplatte anrichten, die Bananenhälften darauf legen, mit den verbliebenen Orangenscheiben dekorieren. Die aromatisierte Butter über die Forellen träufeln.

André Belin war in den Sechziger- und Siebzigerjahren ein großer französischer Koch aus Montbard, dem Geburtsort von Buffon, nahe dem Kloster Fontenay.

Forelle mit Weinsauce

Im 13. Jahrhundert bekamen die Mönche in Fleury am ersten Montag der vorösterlichen Fastenzeit „eine Generelle Fisch mit einer Sauce aus reichlich gutem Wein".

- 1 Forelle von 1,2 kg
- 100 g Blätterteig
- 1 Eigelb zum Bestreichen
- 20 g Butter für die Form
- 10 g Schalotte, gehackt
- 250 ml alter Sancerre oder Pouilly
- 100 ml Fischfond
- 120 g Champignons, nur die Köpfe
- 100 ml Sahne
- Saft von ¼ Zitrone
- Salz, Pfeffer

Den Ofen auf 200 °C vorheizen.

Die Forelle ausnehmen. Mit einem Löffel die dunkelrote Niere entlang der Wirbelsäule herausschaben, die Kiemen entfernen, Brust- und Rückenflossen abschneiden. Den Fisch waschen.

Den Blätterteig 4 mm dick ausrollen und 4 fischförmige Teigplättchen ausschneiden. Auf ein befeuchtetes Backblech legen, gleichmäßig mit Eigelb bestreichen und im Ofen backen.

Die Fleurons aus dem Ofen nehmen und die Temperatur auf 180 °C herunterschalten.

Eine ofenfeste Form ausbuttern. Die Forelle einsetzen, die Schalotte hinzugeben und den Wein sowie den Fischfond zugießen. Den Fisch mit Pergamentpapier bedecken, auf dem Herd bei mittlerer Temperatur erhitzen und anschließend im Ofen 10 Minuten garen. Dabei die Forelle immer wieder mit der Garflüssigkeit übergießen, sodass man sie nicht wenden muss.

Die Garflüssigkeit in eine Sauteuse gießen, die Champignons hinzufügen und die Flüssigkeit auf ⅔ der Menge einkochen. Die Sahne und den Zitronensaft einrühren und etwas eindicken lassen. Mit Salz und Pfeffer abschmecken.

Die Forelle mit der gleichen Seite nach unten anrichten. Die Haut von der Bauchseite her behutsam abziehen und das dunkle Fleisch abschaben. Die Forelle kurz im Ofen wieder erwärmen. Mit der Weinsauce überziehen und mit den Champignons und Fleurons garnieren.

Forelle blau mit Sauce cameline

Zu Weihnachten erhielt das Kloster in Cluny Forellen. Sie kamen von der Abtei Saint-Victor in Genf. Jeder Mönch bekam eine Pietanz, eine Forelle reichte für sechs Pietanzen. Den beiden Prioren stand je eine ganze Forelle zu.

* 2 Möhren
* 50 g Perlzwiebeln
* 50 ml weißer Essig
* 1 Bouquet garni
* 10 g grobes Salz
* 5 g Pfefferkörner
* 4 lebende Forellen, je etwa 250 g
* 50 ml Weißweinessig

FÜR DIE SAUCE CAMELINE
* 100 g Butter
* 10 g Schalotte, gehackt
* 50 ml Weinessig
* 3 g Ingwer, gerieben
* 1 Prise Zimt
* 1 Prise Safran
* 1 Eigelb
* Salz
* Pfeffer

Die Möhren schaben, kannelieren und in feine Scheiben schneiden. Die Zwiebeln schälen. Die Möhren, Zwiebeln, den weißen Essig, das Bouquet garni, das Salz und die Pfefferkörner mit 2 Liter Wasser in eine Kasserolle füllen, zum Kochen bringen und 15–20 Minuten köcheln lassen.

Die geschlachteten Forellen durch die Bauchhöhle ausnehmen, Brust- und Rückenflossen abschneiden, die Kiemen herausziehen. Die Forellen behutsam waschen, ohne die Schleimschicht zu verletzen. Mit dem Weißweinessig beträufeln und darin wenden; dabei verfärbt sich die Haut rundherum blau.

Sobald das Gemüse gar ist, die Court-bouillon in eine große, feuerfeste Glasform gießen; 100 ml zurückbehalten. Die Court-bouillon abschmecken und zum Kochen bringen. Die Forellen mitsamt dem Essig einlegen, die Form mit einem Deckel verschließen und die Fische in 6–7 Minuten gar ziehen lassen.

In der Zwischenzeit die Sauce cameline zubereiten.

In einer Kasserolle 90 g Butter ohne Farbe zerlassen und bei schwacher Hitze klären.

In einer Sauteuse die Schalotte in der restlichen Butter anschwitzen. Die zurückbehaltene Court-bouillon, den Essig, Ingwer, Zimt und Safran hinzufügen und um ⅓ einkochen. Von der Kochstelle nehmen und einige Minuten abkühlen lassen. Das Eigelb unterrühren und bei schwacher Hitze zu einer Emulsion aufschlagen. Die geklärte Butter hinzugießen und stetig weiterschlagen. Falls die Sauce zu dick wird, noch ein wenig Bouillon unterrühren. Mit Salz und Pfeffer abschmecken.

Die Forellen in der Glasform servieren, die Sauce cameline in einer Sauciere dazu reichen.

Als Beilage passen am besten Pellkartoffeln. Erwarten Sie Gäste, so reichen Sie gedämpfte tournierte Kartoffeln dazu.

Le Poisson de Rabelais, Stich, Anfang des 20. Jahrhunderts. Gerade als der Diener sich anschickte, den Fisch zu zerlegen, machte Maître Rabelais einen Schritt nach vorn und sprach in gelehrsamem, gebieterischem Ton die zwei Worte: *Durae coctionis*. Joachim Du Bellay, der des Lateinischen mächtig war, schloss daraus, dass ihm dieser Fisch seiner schweren Verdaulichkeit wegen verboten war.

Alse in der Senfkruste

Die von den Römern kreierte Formel für Senf – Öl, Essig oder Traubensaft und gemahlene Senfkörner – wurde im 12. Jahrhundert von den Kartäusern in Dijon wieder aufgenommen.

In der Zeichensprache der Kluniazenser wurde Senf wie folgt ausgedrückt: „Das erste Glied des kleinen Fingers gegen den Daumen drücken." Und in der Zeichensprache eines Grammontensers: „Mit den Fingern die Nase nach oben ziehen."

❖ 4 Alsenfilets, je 150 g
   (ersatzweise Filets
   von großen Frühjahrs-
   heringen)
❖ Saft von 2 Zitronen
❖ Salz
❖ 20 g Haselnusskerne
❖ 10 g Petersilie, gehackt
❖ 40 g Senf
❖ 30 g gesalzene Butter,
   zerlassen

Den Ofen auf 200 °C vorheizen.

Die Alsenfilets häuten und auf einen tiefen Teller legen. Mit dem Zitronensaft beträufeln, salzen und 15 – 20 Minuten marinieren, damit die zahlreichen Gräten weich werden.

Die Haselnusskerne unter dem Backofengrill rösten; enthäuten, grob hacken und mit der Petersilie unter den Senf mischen.

Die Alsenfilets mit einem Palettmesser mit der Senfmasse bestreichen. Den Fisch in eine ofenfeste Form legen und im Ofen 5 Minuten garen. Abschließend unter dem Backofengrill goldbraun überbacken. Die zerlassene Butter erwärmen.

Die Alsenfilets auf einer Platte anrichten und die geschmolzene Butter in einer Sauciere dazu reichen.

Lachs im Lauchmantel

Im Jahre 1386 verbrauchten die Mönche in Cluny während der vierzigtägigen Fastenzeit sechshundert stattliche Fische. Sie wurden pochiert oder gebraten, manchmal gab es auch eine Sauce dazu, doch zumeist wurden sie in Fett gebacken.

- 200 g schöne ganze Lauchblätter, längs halbiert
- 200 g Lauchabschnitte, grob zerkleinert
- 50 g Butter
- Salz
- 500 g Lachsfilet
- Pfeffer
- 50 g fetter Speck, in 1 cm breite und 5 cm lange Streifen geschnitten

Den Ofen auf 160 °C vorheizen.

Die Lauchblätter und Lauchabschnitte waschen.

In einer Kasserolle die Lauchabschnitte in 30 g Butter anschwitzen, ¼ Liter Wasser hinzugießen, mit einem Deckel zu ¾ verschließen und bei mittlerer Hitze 20 Minuten köcheln lassen. Abseihen und das Lauchwasser beseite stellen.

Die Lauchblätter in reichlich Salzwasser 7–8 Minuten blanchieren, abtropfen lassen und der Länge nach auf einem Küchentuch ausbreiten. Trockentupfen.

Den Lachs in 4 gleich große Portionen zerteilen. Salzen, pfeffern und jedes Stück vollständig mit Lauchblättern umwickeln. Die Lachspakete in eine ofenfeste Form legen.

Die Hälfte des Lauchwassers über den Lachs gießen, die Form mit einem Deckel verschließen und den Fisch 8 Minuten im Ofen garen.

In einer Pfanne den Speck auslassen.

In einer Kasserolle 100 ml des Lauchwassers aufkochen, von der Kochstelle nehmen und die restliche Butter unterschlagen. Mit Salz und Pfeffer abschmecken.

Die Lachspakete auf einer Platte anrichten, den ausgelassenen Speck darauf verteilen und mit der Buttersauce umgießen.

Lachs in der Pfefferkruste

Unter den Pfeffersorten sei der Mönchspfeffer, eine sehr kleinkörnige Sorte, erwähnt. Wie Quellen belegen, verwendeten die Mönche ihn zum Würzen sowohl von Speisen als auch von Getränken. Manchmal legten sie auch ein paar Körner davon ins Bett, „um Bewegungen wider die Keuschheit zu unterdrücken". Man bereitete auch Dragees und „Keuschheitswasser" daraus zu.

- 50 g gesalzene Butter
- 25 g weiße Pfefferkörner
- 4 Lachstranchen, je 125 g
- 100 ml Essig
- 200 ml Geflügelfond
- Salz
- 2 Salbeiblätter, gehackt

Den Ofen auf 160 °C vorheizen.

In einer Sauteuse die Butter zerlassen. Den Pfeffer im Mörser zerstoßen. Die Lachsscheiben nacheinander zuerst in der Butter, dann in dem zerstoßenen Pfeffer wenden; etwas andrücken, damit der Pfeffer haften bleibt.

Die restliche Butter erhitzen und den Lachs von beiden Seiten anbraten. Mit Alufolie bedecken und im Ofen unter einmaligem Wenden 7 Minuten garen. Den Lachs aus dem Ofen nehmen und 5 Minuten ruhen lassen.

In einer Kasserolle den Essig zum Kochen bringen, den Geflügelfond, Salz, die Salbeiblätter sowie 1 Esslöffel des Lachsfonds hinzufügen.

Die Lachsscheiben auf Tellern anrichten und mit der Sauce umgießen.

„Mönche mögen den Hecht eher fett als mager
Lieber die fette Barbe, den fetten Aal
Als das Matthäus-Evangelium allemal
Auch schätzen sie den guten Salm so
Wie kein Wort des weisen Salomo.“

GEDICHT VON LUDWIG VI., DEM DICKEN

Lachs in Heubouillon

❖ ½ Liter Fischfond (aus
   Lachsabschnitten)
❖ 50 g frisches,
   getrocknetes Heu
   (unbehandelt)
❖ 1 kleines Bouquet
   garni
❖ 6 Pfefferkörner
❖ 100 g Butter
❖ 500 g Lachsfilet, mit
   der Haut
❖ Salz
❖ Pfeffer
❖ Saft von ½ Zitrone
❖ 1 EL frisch gehackter
   Kerbel

Den Ofen auf 140 °C vorheizen.

Den Fischfond in einer Sauteuse erhitzen, 45 g des Heus, das Bouquet garni und die Pfefferkörner hineingeben und auf die Hälfte einkochen lassen. Den Fond durch ein feines Sieb abseihen und warm stellen.

Eine ofenfeste Form mit Butter einfetten. Das Lachsfilet im Ganzen oder in 4 Portionen zerteilt mit der Hautseite nach oben einlegen; salzen und pfeffern. 150 ml des aromatisierten Fonds zugießen und 8 – 9 Minuten im Ofen garen. Durch Daumendruck den Gargrad prüfen. Das Fleisch sollte noch etwas nachgeben. Den Lachs aus dem Ofen nehmen, mit Alufolie abdecken und 5 – 6 Minuten nachgaren lassen.

Die Garflüssigkeit in einer Kasserolle zum Kochen bringen, die restliche Butter und den Zitronensaft unterrühren; salzen und pfeffern.

Den Lachs auf einer Platte oder auf Tellern anrichten, mit dem Messerrücken vorsichtig die Haut abziehen und behutsam den braungelben Tran abschaben.

Die Konsistenz der Sauce prüfen und gegebenenfalls etwas von dem aromatisierten Fond zugießen. Den Lachs mit etwas Sauce überziehen und mit einigen Heuhalmen und dem Kerbel garnieren.

Die Zeit der Heuernte ist sehr kurz. Besonders geeignet sind Gräsermischungen, die Esparsette enthalten. Sie sollten unbehandelt sein und trocken und luftdicht gelagert werden.
Das Rezept eignet sich auch für helles Geflügel.

Fischfang mit dem Netz, Miniatur aus dem 15. Jahrhundert. In einer Zeit, da Flüsse, Seen und Teiche überreich an Fischen waren, hatte die Fischerei nichts „Wundertätiges".

Gebackene Seezungenröllchen mit Curry

❖ 2 Liter Traubenkernöl
❖ 2 Seezungen, je 500 g
❖ Salz
❖ Pfeffer
❖ 250 ml Milch
❖ 100 g Mehl
❖ 20 g Schalotte, gehackt
❖ 10 g Butter
❖ 200 ml Fischfond
  (von Meeresfischen)
❖ 10 g Currypaste
❖ 100 ml Sahne
❖ Saft von 1 Zitrone
❖ 50 ml Kokosmilch
  (nach Belieben)
❖ 20 g Petersilie, gezupft

Das Öl auf 230 °C erhitzen.

Die Seezungen häuten. Die Filets ablösen und leicht plattieren, um das Gewebe zu lockern. Aus den Köpfen und den Karkassen einen Fischfond zubereiten.

Die Seezungenfilets in kaltem Wasser wässern, um etwaige Blutpartikel auszuschwemmen. Sorgfältig trockentupfen. In 10 cm lange und 1,5 cm breite Streifen schneiden, salzen und pfeffern. Die Streifen in die Milch tauchen und anschließend in dem Mehl wenden.

Die Seezungenstreifen mit den Handinnenflächen zu kleinen Röllchen aufrollen.

In einer Kasserolle die Schalotte in der Butter anschwitzen, ⅓ des Fischfonds zugießen, die Currypaste einrühren und alles um die Hälfte einkochen.

Den Vorgang mit dem restlichen Fischfond zweimal wiederholen. Die Sahne hinzugießen und weiter einkochen, bis die Sauce von cremiger Konsistenz ist. Den Zitronensaft und nach Belieben die Kokosmilch unterrühren; mit Salz und Pfeffer abschmecken.

Die Seezungenröllchen in Partien zu je 4 Stück 2 Minuten in dem heißen Öl ausbacken. Auf Küchenkrepp abtropfen lassen. Die gezupfte Petersilie frittieren und ebenfalls auf Küchenkrepp abtropfen lassen.

Eine große, runde Platte mit einer Stoffserviette auslegen, eine Papiermanschette darauf legen und die gebackenen Seezungenröllchen pyramidenförmig aufschichten. Großzügig mit der frittierten Petersilie bestreuen. Die Sauce separat dazu reichen.

Die Kokosmilch mildert etwas die Schärfe des Currys. Das Rezept eignet sich auch für alle kleinen Flussfische.

„Sankt Hærinc leiht Mut und Kraft
Den Karmelitern, den Augustinern.
Auch gibt er sie den Jakobinern.
Sankt Hærinc wird er genannt.
Und noch in Rom ist er bekannt…"

AUSZUG AUS EINEM GEDICHT AUS DEM
16. JAHRHUNDERT

Hering-Kartoffel-Pastete

Die unangefochtene Nummer eins unter den Fischen, der Hering, begann bald schon zu langweilen. Und so wagten die Chorherren der Kathedrale von Reims schließlich, ihrem Überdruss Ausdruck zu verleihen, indem sie in der Fastenzeit eine Heringsprozession veranstalteten. Dabei defilierten die Geistlichen hintereinander durch die Straßen, ein jeder einen Hering im Schlepptau, den sie an einer Schnur hinter sich herzogen. Das Spiel bestand darin, den Fisch des Vordermanns nicht zu zertreten. Das Gefolge wurde begleitet von den Freudenschreien des Volkes, das sich an der Strecke versammelte.

❖ 300 g Kartoffeln
❖ Salz
❖ 200 g Blätterteig
❖ 6 eingelegte
  Heringsfilets
❖ 1 Eigelb zum
  Bestreichen
❖ 60 g gesalzene Butter
❖ Muskatnuss
❖ Pfeffer
❖ 10 g Estragon, gehackt

Den Ofen auf 200 °C vorheizen.

Die Kartoffeln ungeschält in Salzwasser garen.

Den Blätterteig zu 2 Kreisen von je 20 cm Durchmesser ausrollen.

Die Kartoffeln pellen, in ½ cm dicke Scheiben schneiden und 3 Minuten in kochendem Wasser blanchieren.

In die Mitte eines Teigkreises einen Ausstechring von 15 cm Durchmesser setzen und eine Schicht Kartoffelscheiben einlegen. Die Heringsfilets abtropfen lassen und ebenfalls einschichten. Mit einer Schicht Kartoffelscheiben abschließen. Den Ausstechring vorsichtig abziehen. Den Teigrand rundherum mit Eigelb bestreichen, den anderen Teigkreis auflegen und die Ränder versiegeln.

Die Pastete auch von außen mit Eigelb bestreichen, mit einem Messerrücken oder einer Gabel verzieren und in der Mitte ein Luftloch ausschneiden, damit der Dampf entweichen kann. Im Ofen 25 Minuten backen.

Die Butter zerlassen und mit frisch geriebener Muskatnuss, Pfeffer und Estragon würzen.

Die Hering-Kartoffel-Pastete aus dem Ofen nehmen, die gewürzte Butter durch die Öffnung eingießen und einige Minuten einsickern lassen. Dazu passt ein Löwenzahnsalat.

Heringsterrine

„Sankt Hærinc" konnte sich glücklich schätzen, dass er gesalzen in den Handel gelangte, so blieb ihm das Schicksal seiner Gebrüder „Frischfisch" – die Amputation des Schwanzes – erspart. Damit kein Fisch der damaligen Frischekontrolle entkam, wurde der Schwanz nämlich jeden Tag etwas anders abgeschnitten.

1066 setzte der Abt von Westminster seine ganze Überzeugungskraft ein, um seine Brüder zu bewegen, nur noch Fisch zu essen. Dazu erfand er eine Reihe hervorragender Rezepte, darunter diese Terrine.

❖ 100 g entrindetes
  Weißbrot
❖ 100 ml Milch
❖ 300 g frische
  Heringsfilets
❖ 50 g Petersilie,
  gehackt
❖ 1 Ei
❖ 1 Eigelb
❖ 10 g Sesamsaat
❖ Salz
❖ Pfeffer
❖ 100 g kleine
  Kochwürste
❖ 35 g Butter
❖ 5 g Schalotte, gehackt
❖ Saft von ¼ Zitrone

Den Ofen auf 200 °C vorheizen.

Das Weißbrot in der Milch einweichen, ausdrücken und mit 200 g der Heringsfilets, der Petersilie, dem Ei und Eigelb, Sesam, Salz und Pfeffer in der Küchenmaschine pürieren.

Die restlichen Filets salzen und pfeffern.

Eine Terrinenform mit Klarsichtfolie auskleiden und nacheinander eine Schicht Farce, die Hälfte der Filets, wieder eine Schicht Farce, die ganzen Würste, erneut Farce und die restlichen Filets einfüllen. Mit einer Schicht Farce abschließen.

Mit Klarsichtfolie verschließen, mit Alufolie abdecken und im Ofen im Wasserbad 35 – 45 Minuten garen.

Die Terrine abkühlen lassen, stürzen und in 1,5 cm dicke Scheiben schneiden. Auf einer gebutterten Platte anrichten und im Ofen wieder erwärmen.

In einer Kasserolle die Schalotte in der restlichen Butter anschwitzen und den Zitronensaft hinzugießen; salzen und pfeffern.

Die Terrinenscheiben mit der Zitronenbutter beträufeln und servieren.

Den Gargrad einer Terrine prüfen Sie am besten, indem Sie ein Messer in der Mitte bis unten einstechen und nach 15 Sekunden wieder herausziehen. Wenn die Klinge auf der ganzen Länge heiß ist, ist die Terrine gar.

Kabeljau in der Salzteigkruste

Der Kabeljaufang begann im 9. Jahrhundert. Die norwegischen Mönche wurden zu wahren Spezialisten darin. Seinetwegen drangen die Wikinger im 10. Jahrhundert bis in Gewässer nahe dem amerikanischen Kontinent vor; später folgten ihnen die Basken. Seinen Höhepunkt erreichte der Kabeljaufang mit der Entdeckung der Neuen Welt, wo der Fischreichtum zu bestimmten Jahreszeiten schier unerschöpflich war.

- 100 g gesalzene Butter
- 600 g Kabeljau
- Salz
- Pfeffer
- 100 g Hummerbutter

FÜR DEN SALZTEIG
- 250 g Mehl
- 100 g grobes, naturbelassenes Salz
- 50 g Tafelsalz
- 5 g Thymianblüten
- 1 Eiweiß
- 100 ml Wasser
- 1 Hummerkopf (ersatzweise 8 Flusskrebse oder 1 Krabbe)
- 2 Eigelb zum Bestreichen

Aus der gesalzenen Butter mit einem Teelöffel 8 Flocken formen und kalt stellen.
Den Ofen auf 200 °C vorheizen.

SALZTEIG:
230 g des Mehls, das grobe Salz, Tafelsalz, die Thymianblüten, das Eiweiß und das Wasser verkneten und zu einem Teigkloß formen. Den Hummerkopf in der Küchenmaschine zermahlen und in den Teig einarbeiten. In Klarsichtfolie einwickeln und kalt stellen.

2 Bögen Alufolie von 20 × 30 cm Größe aufeinander legen. Die Ränder hochschlagen, sodass eine Kastenform entsteht. Den Kabeljau mit Salz und Pfeffer einreiben und in die Form legen. 30 g Hummerbutter in Flöckchen auf dem Fisch verteilen.
Die Arbeitsfläche mit dem restlichen Mehl bestreuen, den Salzteig so dünn wie möglich ausrollen und die Kastenform rundherum darin einschlagen, sodass der Kabeljau eingeschlossen ist. Die Teignaht sorgfältig versiegeln. Den Teig mit den verschlagenen Eigelben einstreichen und im Ofen 12 – 15 Minuten backen. Die Kruste sollte goldbraun sein. 10 Minuten ruhen lassen.
Die restliche Hummerbutter erhitzen. Kurz vor dem Servieren den Kabeljau nochmals 3 Minuten in den Ofen schieben.
Eine Platte mit einer Stoffserviette auslegen und den Fisch in der Teigkruste darauf setzen. Mit einem spitzen Messer einen Deckel von der Größe des Fisches ausschneiden. Den Kabeljau auf Teller verteilen und mit der Hummerbutter beträufeln. Mit den vorbereiteten Butterflocken garnieren.

Der Essig, Miniatur aus dem 14. Jahrhundert. Dieser wurde ausschließlich in der Küche verwendet. Im Jahre 1600 kreierte Bruder Marchissi im Kloster Santa-Maria in Florenz den „Essig der sieben Gauner", der als Mittel gegen die Ohnmachtsanfälle der schönen Florentinerinnen bestimmt war.

Im Mittelalter waren süßsaure Speisen groß in Mode. Bereits im 9. Jahrhundert pries der Mönch Eckhard Saucen aus Traubensaft, Ingwer, Honig und Öl und jene, die man „dolce picante con vino", zu Deutsch „süßsauer" nannte.

Im Kloster Montegiorgio aß man den Dorsch mit Zucker, Zimt und vielerlei Kräutern gewürzt. In der Abtei Grottaferrato wurde er nach genau dem Rezept zubereitet, das hier wiedergegeben ist. Für das heutige Rezept haben wir der Säure den Vorzug über die Süße gegeben, da sie am besten den Eigengeschmack des Fisches zur Geltung bringt, während Letztere ihn eher zu verdecken neigt. Eine Prise Zucker hilft aber in jedem Fall, dem Essig die Schärfe zu nehmen, und der Orangensaft verleiht der Sauce eine fruchtige Note.

Dorsch süßsauer

700 g frischen Dorsch in kleine Quadrate schneiden, in Mehl wenden und braten. Eine große Menge Knoblauch, ungefähr ½ kg, hacken und in einer Pfanne mit ein wenig Öl braten.

Sobald der Knoblauch schön gebräunt ist, fügt man nach Geschmack Zucker und Essig hinzu. Man lässt die Flüssigkeit einen Moment verdampfen und schöpft den Pfanneninhalt über die in einer Ofenform aneinander gereihten Dorschstücke, die man für einen kurzen Moment nochmals in den Ofen gibt.

Dorsch in Essigbutter

❖ 500 g gesalzener
   Dorsch (Klippfisch)
❖ ½ Liter Milch
❖ 4 schöne
   Kopfsalatblätter
❖ Salz
❖ Pfeffer
❖ 100 ml Fischfond
❖ 50 ml alter Weinessig
❖ 1 Prise Zucker
❖ Saft von 1 Orange
❖ 150 ml Jus
❖ 50 g kalte Butter
❖ 1 Orange, filetiert

Den Ofen auf 160 °C vorheizen.

Den gesalzenen Dorsch 24 Stunden in kaltem Wasser wässern. Das Wasser häufig wechseln. Den Fisch einige Stunden in der Milch einweichen, damit sein Fleisch noch weißer und weicher wird.

In einer Kasserolle die Salatblätter in kochendem Salzwasser 20 Sekunden blanchieren, kalt abschrecken und mit einem Küchentuch trockentupfen.

Den Dorsch in 4 gleich große Stücke zerteilen und sorgfältig die Haut entfernen. Die Fischstücke pfeffern, in die Salatblätter einschlagen und in eine ofenfeste Form legen. Mit dem Fischfond übergießen und auf dem Herd zum Kochen bringen. Den Fisch 10 Minuten im Ofen garen; dabei häufig mit der Garflüssigkeit begießen. Aus dem Ofen nehmen, abdecken und 5 – 6 Minuten ruhen lassen.

In einer Kasserolle den Essig auf ⅔ der Menge einkochen; den Zucker, Orangensaft und Jus unterrühren und weitere 3 – 4 Minuten reduzieren. Mit Salz und Pfeffer abschmecken. Portionsweise die Butter unterschlagen. Die Sauce sollte eine leicht sämige Konsistenz haben.

Den Fisch auf einer Platte anrichten, mit den Orangenfilets garnieren und mit der Essigbutter übergießen.

Grillrost für Fisch. Er erlaubte eine schonende Zubereitung, ohne dass der Fisch beim Wenden zerfiel.

Sardinen auf Blätterteig

Die Region um Nantes war in ganz Frankreich bekannt für ihre eingelegten Sardinen. Sie wurden in Essig oder Butterschmalz gegart und, um ihren Versand zu erleichtern, in großen, aus dem Berry stammenden Steingutbehältern verpackt.

Im Mittelalter wurden die frischen Fische in speziellen, mit Wasser gefüllten Behältern befördert.

❖ 16 Sardinen
❖ Salz, Pfeffer
❖ 5 g Koriandersamen, zerstoßen
❖ 300 g Tomaten
❖ 50 ml Olivenöl
❖ 3 Knoblauchzehen, gepresst
❖ 1 Bouquet garni
❖ 10 g Petersilie, gehackt
❖ 5 g Basilikum, gehackt
❖ 200 g Blätterteig
❖ 10 g Koriandergrün, gehackt

Den Ofen auf 180 °C vorheizen.

Von den Sardinen die Köpfe und Rückenflossen abschneiden, die Schwänze dranlassen. Die Fische entlang dem Rückgrat aufschneiden, die Mittelgräte mit den Eingeweiden herausziehen und am Schwanz abbrechen. Die Fische unter fließendem kaltem Wasser abspülen und trockentupfen; mit Salz, Pfeffer und den zerstoßenen Koriandersamen würzen.

Die Tomaten enthäuten, die Samen entfernen und das Fruchtfleisch in Stücke schneiden.

In einer Pfanne 40 ml Öl erhitzen, die Tomaten, den Knoblauch und das Bouquet garni darin dünsten und die sich sammelnde Flüssigkeit bei großer Hitze verkochen lassen. Salzen, pfeffern, die Petersilie und das Basilikum unterrühren; die Mischung sollte sehr würzig sein. Beiseite stellen.

Eine flache, runde Backform mit dem Blätterteig auskleiden. Den Teig mehrfach einstechen und im Ofen 10 Minuten blind backen. Die Tomatenmischung auf dem Teigboden verteilen und die Sardinen mit dem Schwanz zur Mitte sternförmig darauf legen.

Die Sardinen mit dem restlichen Olivenöl bestreichen, mit Pergamentpapier bedecken und im Ofen 10 Minuten backen. Vor dem Servieren mit dem Koriandergrün bestreuen.

Kaviar auf Knochenmark

Rabelais sagte über den „caviat", er sei das Festmahl der Fasttage: „Der Kaviar wird warm auf Brot gestrichen, mit Pfeffer gewürzt und mit Bitterorangensaft dazu serviert, oder er wird kalt gereicht."

Galilei (1564 – 1642) schickte seiner Schwester, die Nonne war, Kaviar; doch schien er damals nicht besonders verbreitet zu sein, denn sie hielt ihn für Käse!

Leo X. (Papst von 1513 – 1521) pflegte über dem Feuer geröstete Brotscheiben mit den Filets von Forellen aus dem Gardasee zu belegen und mit Kaviar zu garnieren. Jedem sein kulinarisches Pläsierchen...

❖ 4 Stück Knochenmark,
  ausgelöst, je 8 cm lang
❖ 4 große Schalotten
❖ 50 ml Geflügelbrühe
❖ Salz, Pfeffer
❖ 60 g Kaviar
❖ Feinstes Tafelsalz
❖ Weiße Pfefferkörner,
  zerstoßen

Das ausgelöste Knochenmark 4 Stunden in kaltem Wasser wässern, um etwaige Blutpartikel auszuschwemmen.

Den Ofen auf 170 °C vorheizen.

Die Schalotten im Ofen 20 – 25 Minuten weich werden lassen; schälen und mit der Geflügelbrühe, Salz und Pfeffer in der Küchenmaschine zu einer cremigen Masse verarbeiten. Beiseite stellen.

In einer Kasserolle Wasser zum Kochen bringen und das Mark 12 – 15 Minuten pochieren. Abtropfen lassen, mit einem Küchentuch trockentupfen und auf einer Servierplatte anrichten.

Jedes Stück Mark mit ¼ des Kaviars belegen und mit der Schalottencreme umranden. Separat dazu das Salz und den zerstoßenen Pfeffer servieren.

Muschelsuppe „Bilibi" mit Safran

In Cluny gab es zum Fest des heiligen Stephanus am 26. Dezember Miesmuscheln.
Sie werden seit 1235 in Muschelbänken gezüchtet. Im Mittelalter wurden sie zumeist à la marinière (nach Seemannsart) zubereitet.

❖ 1½ kg Miesmuscheln
❖ 30 g Schalotten,
  gehackt
❖ ½ Liter Weißwein
❖ 4 Petersilienstängel
❖ Pfeffer
❖ 1 Prise Safran
❖ 200 ml Sahne
❖ Einige Zweige Kerbel
  zum Garnieren

Die Muscheln waschen, bürsten und entbarten (geöffnete Exemplare wegwerfen, sie könnten verdorben sein).

Die Muscheln mit den Schalotten, dem Wein und den Petersilienstängeln in einen großen Topf füllen, mit einem Deckel verschließen und 10 Minuten kochen, bis sie sich geöffnet haben (geschlossene Exemplare wegwerfen). Pfeffern.

Den Muschelsud durch ein feines Sieb abseihen; die Muscheln aus den Schalen lösen, dabei den gummiartigen Rand entfernen, beiseite stellen.

Den Muschelsud auf die Hälfte einkochen, den Safran und die Sahne einrühren und weitere 4 Minuten kochen lassen. Abschmecken, um sicherzustellen, dass die Suppe nicht zu salzig ist.

Die Hälfte der Muscheln in eine Suppenschüssel füllen, die Suppe mit dem Mixstab kurz aufschlagen und darüber gießen. Mit den Kerbelzweigen garnieren.

Die verbliebenen Muscheln können als Garnitur für ein Fischgericht oder einen Salat verwendet werden.

Diese Suppe ist eine große Erfindung meines Meisters Alex Humbert.

Der Knoblauch, Miniatur aus dem 15. Jahrhundert. In der Gegend um Albi belegten bestimmte Orden den Knoblauch mit einem Zehnt, was die damalige Bedeutung seines Anbaus erahnen lässt.

Gebackene Knoblauchknollen mit Weinbergschnecken

Im Mittelalter besaßen die Mönche im Burgund Wein- und Hopfenfelder, in denen sich Weinbergschnecken prächtig vermehrten und sich an den jungen Trieben des Hopfens und der Rebstöcke von Pommard und Chambertin erfreuten.

Unausweichlich, dass die Mönche, listig und praktisch veranlagt, wie sie waren, zu folgendem Schluss kamen: „Wollen wir die Weinstöcke retten, so müssen wir die Schnecken essen."

- ❖ 4 große Knoblauch-
  knollen
- ❖ 100 ml Öl
- ❖ 50 g entrindetes
  Weißbrot
- ❖ 100 ml Milch
- ❖ 20 g Petersilie, gehackt
- ❖ Salz, Pfeffer
- ❖ 10 g Schalotte, gehackt
- ❖ 10 g Butter
- ❖ 32 kleine Gesprenkelte
  Weinbergschnecken,
  ausgelöst
- ❖ 10 g Haselnusskerne,
  gehackt

Den Ofen auf 170 °C vorheizen.

Die Knoblauchknollen quer in Hälften schneiden, mit der Schnittfläche nach oben in eine ofenfeste Form legen und mit dem Öl beträufeln. Die Form mit Alufolie bedecken und den Knoblauch 20 Minuten im Ofen backen. Aus dem Ofen nehmen.

Mit einem Teelöffel das weiche Fruchtfleisch aus den einzelnen Kammern der Knollen herauslösen. Das Weißbrot in der Milch einweichen, gut ausdrücken und mit dem ausgelösten Knoblauch, der Petersilie, Salz und Pfeffer in der Küchenmaschine pürieren. Beiseite stellen.

In einer Pfanne die Schalotte in der Butter anschwitzen und die Schnecken darin 1–2 Minuten mitschwitzen.

Die Schnecken in die ausgehöhlten Knoblauchhälften füllen, die Knoblauchmasse darüber verteilen und mit den Haselnüssen bestreuen. Im Ofen 5–6 Minuten bei 150 °C überbacken und servieren.

Knoblauch sollte stets gut durchgegart sein, damit er leichter verdaulich ist.

Fleisch

Dem heiligen Antonius,
Schutzpatron der Metzger

Fleisch ist ein etwas heikles Kapitel, denn es gibt bei diesem Thema nicht nur eine, sondern gleich mehrere Wahrheiten und einen je nach Kloster, Epoche und Region unterschiedlich ausgeprägten Geist der Toleranz.

Der heilige Benedikt – Mensch mit Maß und Vernunft

Im Allgemeinen ist nach der Regel des heiligen Benedikt außer den Kranken der Verzehr von Fleisch verboten. Die Gründe dafür sind recht unterschiedlich. Auf der einen Seite, so heißt es, erregt Fleisch die Begierde; es schürt die Leidenschaft und die Wollust. Auf der anderen Seite steht sein hoher Preis im Widerspruch zur Tugend der Armut. Und schließlich ist das Verbot wohl auch Ausdruck einer nostalgischen Reminiszenz an das verlorene Paradies, denn Adam und Eva waren Vegetarier!

Die Mönche vor dem ausgenommenen Ochsen, Stich von Gustave Doré.

Was nun die Benediktregel anbelangt, die auch die heilige Regel genannt wird, so muss man betonen, dass ihr Urheber ein sehr gütiger und verständnisvoller Mensch war, der nur zu gut wusste, dass die menschliche Seelenkraft und Disziplin begrenzt sind – selbst bei wohlwollendem Entgegenkommen – und dass man nicht fortwährend ein Leben „gleich den Engeln" führen kann, wie es ein Bruder des im Jahr 361 nahe Poitiers gegründeten Klosters Ligugé einst ausdrückte. Die Regel soll keine Fessel sein; sie lässt Raum für Maß und Milde. Bei aller gebotenen Observanz gestattete Benedikt beim Fasten, Essen und Trinken und für die besonders hart arbeitenden Brüder sogar bei der Gebetspflicht eine Reihe von Entlastungen. Seine Nachsicht ging sogar so weit – das ist hier ganz besonders herauszustellen –, den Köchen „Erleichterung" zu gewähren. Der Umstand, dass sie ihre Mahlzeit erst nach der Kommunität einnehmen, macht ihre Arbeit besonders mühsam und verdient „Milderung".

Doch trägt die Benediktregel auch sehr menschliche Züge, so ist nicht minder wahr, dass sie den gesunden Mönchen das Fleisch von Vierfüßlern verbietet. Womit angedeutet ist, wo und unter welchen Umständen eine Aufhebung des Verbotes möglich war. Und so kam es, dass die Vierfüßler in den klösterlichen Krankenstationen stets „Tag der offenen Tür" hatten.

Die „General-Krankenstation"

Dieser Umstand führte zu einem stetigen Anstieg der Zahl kranker Mönche, und die wurden nicht etwa wegen einer Hühnersuppe krank … So entwickelte sich langsam der Brauch, dass auch Mönche, die zwar nicht krank waren, aber eine kleine Herzensstärkung benötigten, auf der Krankenstation Fleisch essen durften. Somit war das Krankenrevier fortan eine Einrichtung, die sich dem Geltungsbereich der Ordensregel entzog.

Um der Regel dennoch Genüge zu tun, wurde natürlich im Refektorium, das im Hauptkomplex des Klostergebäudes lag, auch weiterhin kein Fleisch gegessen. Doch man fand einen anderen, in den Anbauten gelegenen Ort. Das war, wie bereits erwähnt, zunächst das Krankenrevier.

Rechts: **November: Die Eichelernte**, Miniatur aus dem 15. Jahrhundert. Von Oktober bis Dezember trieben die Mönche und Bauern ihre Schweine in die Eichenwälder, um sie mit Eicheln zu mästen.

116

dedit filiis hominum

Das Tranchieren des Fleisches, Miniatur aus dem 14. Jahrhundert.

Später dann wich man in den Gästeraum der Abtswohnung aus, wo die Mönche reihum im Wechsel dem Abt bei Tisch Gesellschaft leisten durften. Im 15. Jahrhundert wurde schließlich ein eigens zum Zweck des Fleischverzehrs eingerichteter Raum geschaffen, den man „General-Krankenstation" nannte. Natürlich waren die Brüder dort genauso wie im Refektorium zum Stillschweigen und zu den üblichen Tischlesungen und Gebeten verpflichtet.

Das Vorbild Cluny

Im 11. Jahrhundert war Cluny das Zentrum eines regelrechten Klosterimperiums. Die kluniazensische Kongregation zählte eintausend Klöster in Europa, die zusammen etwa zehntausend Benediktinermönche beherbergten. Bis zum 12. Jahrhundert galt die strikte Befolgung der Benediktregel, danach erlebte Cluny wechselnde Phasen der Lockerung und der Rückbesinnung auf ihre strenge Auslegung.

Im 12. Jahrhundert deutete eine Erklärung des heiligen Hugo von Cluny erstmals die Zulassung von Fleisch an: „Der Verzehr von Fleisch ist kein Recht; die Prioren sind daher angehalten, soweit es in ihrer Macht steht, für Verzicht einzutreten. In jedem Fall bleibt Fleisch am Mittwoch und Samstag verboten." Ich möchte dies mit einem kastilischen Sprichwort kommentieren: „Wie der Gesang des Abtes, so das Echo des Mönches, und der Bruder, der nach Brot verlangt, nimmt auch das Fleisch, das man ihm gibt."

Ab dem 14. Jahrhundert gehörte zur alltäglichen Hauptmahlzeit offiziell auch eine Fleischspeise. Im Jahre 1428 entstand ein Verzeichnis, das die Zuteilung und Mengen der Fleischspeisen regelte. Danach wurde ein Hammel in acht Portionen aufgeteilt, eine Ration Rindfleisch für zwei Mönche umfasste dreizehn Pfund. Eine Schweinekeule musste für zwei Mönche reichen, auch der Kopf ergab zwei Portionen. Natürlich war auch die Zuteilung des Fleisches streng hierarchisch geregelt. Prior und Krankenwärter erhielten jeweils doppelte Mönchsportionen, der Gastmeister sah seinen Anteil um die Hälfte einer Mönchsportion erhöht, und der Salzmeister bekam zusätzlich zu seinem Anteil einen halben Hammelhals. Kindern stand dreimal pro Woche eine Fleischtorte mit Kräutern zu und an Weihnachten und Allerheiligen eine doppelte Ration

Fleisch. Schließlich erfährt man noch, dass der Prior ein Stück Speck von einem Pfund für je neun bis zehn Mönche zuteilte.

Im 15. Jahrhundert war das Wochenmenü während der etwa achttägigen Erholungsphasen, die jährlich vor Advent, vor der Septuagesima, nach Ostern und nach dem Fest der Heiligen Petrus und Paulus (29. Juni) stattfanden, folgendermaßen zusammengesetzt: Sonntags, dienstags und donnerstags gab es zum Mittagessen Rind- und Pökelfleisch; zum Nachtmahl ein halbes Brathähnchen für je zwei Personen und eine Portion Schweinebraten. Montags gab es Rindfleischpastete sowie Schweine- und Pökelfleisch zum Mittag und ein halbes Brathähnchen für zwei Personen und eine Portion Schweinebraten zum Abendessen. Mittwochs, freitags und samstags schließlich bekam jeder vier Eier und ein Pfund Weichkäse oder ein halbes Pfund Hartkäse zum Mittagessen und Eier und Käse zum Abendessen.

In Cluny bot der Speiseplan größere Abwechslung als in anderen Orden. Zudem wurde jede religiöse Feierlichkeit – und deren Zahl war beträchtlich – von einer reich gedeckten Tafel begleitet. Was die Anzahl der Gäste betrifft, denen stets die Ehre einer gediegenen Mahlzeit gebührte, so war auch die zweifellos erheblich.

Das sündige Fett

Wie verhielt es sich nun mit Schweinespeck, dem tierischen Fett schlechthin, oder mit Schweineschmalz, Hammelfett und Butter?

Neben tierischen Fetten wurden in den Klöstern auch Pflanzenöle hergestellt, je nach Region aus Wal- oder Haselnüssen, Raps, Bucheckern, Mandeln, Hanf- oder Mohnsamen; aber auch Fischtran wurde gewonnen, hauptsächlich vom Wal, Tümmler, Thunfisch und Hai. Fisch- und Pflanzenfetten wurde in der Küche großer Raum eingeräumt, denn sie standen im Einklang mit den Fastenregeln. Der Logik folgend hätten tierische Fette an Fastentagen also verboten sein müssen. Dem war aber nicht so. Lediglich die Puristen versagten sich ihren Verzehr, und glaubt man Dom Calmet (1672–1757), in Commercy geborener Benediktinermönch, so hielten die Mönche Schweineschmalz nicht für ein Fett tierischen Ursprungs. Und als man es schließlich doch von der Fastentafel verbannte, wurde es kurzerhand durch Butter ersetzt!

Ganz Europa sündigte also aus Unwissenheit. Die Engländer aßen jeden Sonntag Speck, die deutschen Mönche verwendeten Schweineschmalz, gewürzt mit Fenchel oder anderen Kräutern, und die Kluniazenser waren im gesamten Mönchtum sogar die Einzigen, die selbst die Freitagsspeisen mit Fett zubereiteten und damit sogar die Armen, die an jenem Tag immer die Reste bekamen, in die Bredouille brachten. Trotz ihres Hungers wagten sie nicht davon zu essen, und so bewahrten sie ihre Zehrung bis zum nächsten Tag auf. Diese wohlwollende und stillschweigende Auslegung der Regel – die Kluniazenser pflegten zu sagen, Öl habe die Milde von reinem Wasser – erklärt sich sicherlich auch aus dem hohen Fettbedarf der Mönche im Kampf gegen die oft eisige Kälte in den Klöstern. Einmal mehr obsiegte ihr gesunder Menschenverstand.

Der Festochse

Nach der Hälfte des vierzigtägigen Fastens, das eine physische und spirituelle Prüfung darstellte, war das Mittfasten zwanzig Tage vor Ostern ein hochwillkommenes Ereignis. An diesem Tag der Schwelgerei mitten in einer Zeit des Verzichtes entluden sich die erlittenen Entbehrungen im allgemeinen Überschwang.

Im Mittelpunkt des mit Blumen, Schleifen und Gold geschmückten Straßenzugs thronte der fette Ochse und zog an den in roten Roben gekleideten Würdenträgern und Gemeindevertretern vorbei, um seine folkloristische Prozession an der Kirche zu beenden, und dies nicht eben zum Missfallen der Hochwürden.

LE BOEUF GRAS ET LE CARNAVAL DE PARIS.

Der fette Ochse und der Karneval in Paris, Bilderbogen aus der Imagerie de Pellerin in Épinal. Auch wenn die Mönche kein Fleisch aßen, der Rindfleischverbrauch betrug in Paris, glaubt man dem um 1393 verfassten *Le Messager de Paris*, mehr als dreißigtausend Stück Vieh pro Jahr.

Vom 12. bis zu Beginn des 20. Jahrhunderts führte man einen Ochsen oder ein Abbild des Gargantua (Romanfigur bei Rabelais mit einem unstillbaren Appetit) durch die Straßen, und an Fastnacht aß man Crêpes.

Eine Geschichte erzählt, dass im Jahr 1200 ein aus einem nahe gelegenen Kloster entlaufener Ochse die Bewohner eines Dorfes in der Provence vor dem Hungertod bewahrte. Im Gedenken an diese Rettung ließen die Dorfbewohner jedes Jahr einen Ochsen, begleitet von Rinderhirten aus der Camargue, kommen. Das Tier musste zusammen mit den Gläubigen der Messe beiwohnen, bevor es auf dem Kirchvorplatz bei Tänzen und Gesängen geschlachtet und gegrillt wurde. Bleibt zu hoffen, dass bei diesem „les tripettes" (tripettes: kleine Kutteln) genannten Fest auch der Prior und der Pfarrer zu den geladenen Gästen zählten.

Ungeachtet dieser überspitzten Symbolik war Rindfleisch, ob frisch oder eingesalzen, kaum geschätzt; dafür das milchgenährte Fleisch der Kälber umso mehr, denn nach Meinung der Mediziner war es „nährstoffreich, kraftspendend und entschlackend". Der eigentliche Grund für die Bevorzugung des Kalbfleisches waren wohl eher sein Geschmack und seine Zartheit. Der heilige Thomas More (1480–1535) war da anderer Meinung; um ihn zu erfreuen, genügte ein großer, fetter Ochse. Die Geistlichen in den Niederlanden hatten eine spezielle Bezeichnung für das von ihnen bevorzugte Stück Fleisch. Sie nannten es *paterstuk*. Dahinter verbarg sich nichts Geringeres als ein solides Entrecôte/Zwischenrippenstück.

Das Fleisch der Vögel

„Auf das Fleisch vierfüßiger Tiere sollen alle verzichten", schrieb der heilige Benedikt in seiner Regel, die Ende des 9. Jahrhunderts im gesamten karolingischen Reich vorherrschend war. Doch wie verhielt es sich mit dem Fleisch von Geflügel? Diese zarten Kreaturen hatten das Pech, dass Gottes Hand sie am fünften Schöpfungstag gemeinsam mit den im Wasser lebenden Tieren schuf. Sie suchen ihre Nahrung häufig im Wasser, leben in dessen Reichweite und: Sie sind keine Vierfüßler! Folglich war ihr Fleisch zum Verzehr zugelassen.

Ab dem 9. Jahrhundert entwickelten die Mönche große Fertigkeiten im Umgang mit dem zweibeinigen Federvieh. Ihre eigens angelegten Geflügelhöfe umfriedeten sie mit Mauern zum Schutz vor den reißenden Füchsen und Wölfen, aber auch als vorbeugende Maßnahme vor einem allzu großen Freiheitsdrang der Tiere, sagt doch ein Sprichwort: „Hühner und Frauen, die sich zu weit entfernen, verlieren sich."

Geflügel fand bei den Ernährungsgewohnheiten der Mönche also zunehmend Berücksichtigung. Hauptsächlich blieb es aber den Kranken vorbehalten und kam an Feiertagen, beson-

Die Vögel, Miniatur aus dem 15. Jahrhundert. Alle Arten dieser „Kleinfüßler" wurden in den Klöstern gegessen.

ders zu Ostern und Weihnachten, auf den Tisch. Böse Zungen unterstellen den Mönchen eine gewisse Schwäche für Kapaun. Die Poularde, von den Römern lange Zeit mit Missachtung gestraft, feierte im 14. Jahrhundert ihre Renaissance. Das Perlhuhn wird in *Pantagruel* (Buch IV, Kap. LIX, aus dem fünfbändigen Romanzyklus von Rabelais) als „guynette" erwähnt, ein Name, der zweifellos auf seine Herkunft aus Guinea zurückgeht. Diese Herkunft kommt auch in dem Namen Afrikanisches Huhn oder Guinea-Huhn zum Ausdruck.

Kaum einmal Wild

Zuweilen, wenn auch selten, widmeten sich die Mönche der Jagd. Zwar verboten die ersten Konzile „allen Dienern Gottes" das Jagen, über den Verzehr von Wild schweigen sie sich aber aus... Also züchteten die Mönche Kaninchen und Hasen, und unser gottesfürchtiger Berichterstatter aus Sankt Gallen zählt auf: Wildschwein im Ofen oder am Spieß gebraten oder gesotten, Bären, Hirsche, Hirschkühe, Wildpferde, Bisons, Auerochsen, Damhirsche, Rehe, Steinböcke, Gämsen, Hasen, Murmeltiere...

Das Jagdrecht war dem Amts- und Schwertadel sowie hohen kirchlichen Würdenträgern vorbehalten. Die Mönche mussten sich hingegen mit den Wasservögeln begnügen, um die Alltagskost der Fasttage ein wenig zu bereichern. Doch warum nennt man dann im Französischen einen stattlichen Hasen eigentlich „Capucin" (Kapuziner)?

Das Schlachten des Schweins, Ausschnitt aus *Die zwölf Monats-arbeiten*, Miniatur aus dem 15. Jahrhundert.

Schweinerücken in Salbeimilch

Auch die Sauce war in der Zeichensprache der Mönche vertreten. Um sie zu benennen, führte der Koch sämtliche Finger der einen Hand in der hohlen anderen Hand zusammen und drehte sie um.

- ❖ 1 kg Schweinerücken
- ❖ 50 ml Öl
- ❖ 3 Liter Milch
- ❖ 20 g frischer Salbei
- ❖ 15 g grobes Salz
- ❖ 1 Bouquet garni, reich an Thymian
- ❖ 4 Wacholderbeeren, zerdrückt
- ❖ 1 Eigelb
- ❖ 20 g Senf
- ❖ Salz
- ❖ Pfeffer
- ❖ 4 Salbeiblätter zum Garnieren

Den Schweinerücken mit Küchengarn binden.

In einer Pfanne das Öl erhitzen und das Fleisch von allen Seiten scharf anbraten. Aus der Pfanne nehmen und abtropfen lassen.

In einer hochwandigen Kasserolle die Milch mit dem Salbei, dem groben Salz, dem Bouquet garni und den Wacholderbeeren zum Kochen bringen. Von der Kochstelle nehmen und 30 Minuten ziehen lassen. 200 ml der Salbeimilch abnehmen und durch ein feines Sieb passieren.

Den Schweinerücken in die verbliebene Salbeimilch legen und zum Kochen bringen. Mit einem Deckel verschließen und bei mäßiger Hitze 50 Minuten köcheln lassen. Von der Kochstelle nehmen und warm stellen.

In einer Sauteuse das Eigelb mit dem Senf vermischen, die zurückbehaltene Salbeimilch unter ständigem Rühren hinzugießen und langsam erhitzen, bis die Sauce eine leichte Bindung erhalten hat. Nicht kochen! Mit Salz und Pfeffer abschmecken.

Die Salbeiblätter hacken und über das Fleisch streuen. Den Schweinerücken im Topf servieren. Die Sauce in einer Sauciere dazu reichen.

Aus der eindrucksvollen Bibliothek des Klosters Monte Cassino sind einhunderttausend Bände erhalten. Unter den zweitausend Handschriften befindet sich auch eine über die Epochen in unterschiedlichen Stilen geschriebene und ständig ergänzte „Grundschule des Kochens", die den Köchen als Nachschlagewerk diente. Noch heute kann sie eingesehen werden.

Das hier wiedergegebene historische Rezept „Sanguonaccio" aus Monte Cassino ist sehr schlicht und einfach. Je nach dem festlichen Anlass fiel es immer etwas anders aus.

Boudin (Blutwurst) ist in Frankreich eine alte regionale Spezialität, die sich über die Zeit kaum verändert hat. Ihre Zutaten sind stets lokaler Herkunft. Unser Rezept stammt aus dem Südwesten Frankreichs und verwendet Paprikaschoten. Der ländlichen Bevölkerung sei Dank, dass die traditionelle Zubereitung der Blutwurst bis in die heutige Zeit überdauert hat.

Blutwurst nach Art von Monte Cassino

❖ ½ Liter Sahne
❖ 1 Liter Schweineblut
❖ ½ kg Zucker
❖ 5 g Zimt, gemahlen
❖ 10 g Schweine-
schmalz

Unter die kalte Sahne rühre man das Schweineblut; sobald alles gut miteinander vermischt ist, menge man die anderen Zutaten darunter; man stelle alles auf ein mildes Feuer und rühre stetig mit einem hölzernen Löffel, kochen darf es nicht. Im ersten Aufwallen muss der Topf unverzüglich vom Feuer genommen und sein Inhalt weiter durchgerührt werden, bis er vollständig abgekühlt ist. Anschließend füge man nach Belieben Orangen- und Zitronenstücke sowie Pinienkerne hinzu. Ist das *Sanguinaccio* zu dick, so kann es mit ein wenig Sirup verdünnt werden. Zu dem Gericht reiche man zwei kleine Scheiben spanisches Brot.

Blutwurst mit Kräutern

❖ 1 Liter frisches
Schweineblut
❖ 50 g Schweineschmalz
❖ 1 kg weiße Zwiebeln
❖ 1 kg frischer Bauch-
speck, klein gewürfelt
❖ 25 g Salz, Pfeffer
❖ 10 g Majoran
❖ 10 g *quatre-épices*
❖ 50 g Petersilie, gehackt
❖ 2 Paprikaschoten
❖ 100 g Haselnusskerne
❖ 100 g Pistazien
❖ ½ Liter Crème fraîche
❖ 3 Eier
❖ 4 Rinderdärme, je
40 cm lang, gewaschen
❖ 400 g Gemüsepüree
des heiligen Benedikt
(Seite 40)

Das Blut gut durchrühren.

In einer Pfanne das Schweineschmalz zerlassen und die fein gehackten Zwiebeln darin 8 – 10 Minuten farblos anschwitzen. Die Speckwürfel, Salz, Pfeffer, den Majoran, die *quatre-épices* (Mischung aus Zimt, Nelke, Muskatnuss und Pfeffer; ersatzweise Piment) und Petersilie hinzugeben. Warm stellen. Die Paprikaschoten enthäuten, mit den Haselnusskernen und Pistazien hacken und unter die Mischung rühren.

In einer Schüssel die Crème fraîche, das Blut und die verschlagenen Eier vermengen; die Speck-Kräuter-Mischung unterrühren und abschmecken.

In einem großen Topf 10 Liter Wasser zum Kochen bringen.

Die Rinderdärme an einem Ende zuschnüren.

Die vorbereitete Masse nach und nach unter wiederholtem Rütteln in die Därme einfüllen. Am oberen Ende etwas Luft lassen, damit die Würste beim Garen nicht platzen. Die Würste zubinden und in das kochende Wasser einlegen. Sobald sie an die Oberfläche steigen, zur Garprobe mit einer Nadel einstechen. Tritt kein Blut mehr aus, sind die Würste gar.

Aus dem Wasser heben und auf einem Rost auskühlen lassen. Die Würste in 1 cm dicke Scheiben schneiden und in einer beschichteten Pfanne etwas Farbe nehmen lassen. Das Gemüsepüree erhitzen, in eine Schüssel füllen und mit den Blutwurstscheiben garnieren.

Die Anregung zu diesem Rezept erhielt ich von Christian Parat, einem befreundeten Koch aus dem Restaurant La Galoupe *in Urt.*

Capita animalium.

al. nature c. a. h. i. z. melior eves que sunt de aiali oplens
iuuamentum. leua faciunt ponderosa
uentre lauant. et purcant remono nei cu dastani z pipe

Eisbein in schwarzer Kruste
mit Kräutersauce

* 2 große gepökelte
  Eisbeine

**FÜR DIE
GEMÜSEBRÜHE**
* 4 Liter Wasser
* 2 Möhren in Scheiben
* Das Grüne von
  1 Stange Lauch
* 1 Zwiebel, halbiert und
  mit 3 Nelken gespickt
* 1 Bouquet garni
* 10 g grobes Salz
* 5 g Pfefferkörner

FÜR DEN TEIG
* 600 g Mehl
* 100 g Schweineschmalz
* 300 ml Wasser
* 1 Eigelb zum
  Bestreichen

FÜR DIE SAUCE
* 100 ml Sahne
* 20 g Spinat, gehackt
* 20 g Kerbel, gehackt
* 20 g Petersilie, gehackt
* 20 g Schnittlauch-
  röllchen
* 5 g Estragon, gehackt
* 1 Spritzer
  Champagneressig
* Salz, Pfeffer

Im Jahr 822 empfahl der Abt von Corbie, der bei den Fastenvorschriften zwischen dem Fleisch des Schinkens, seinem Knochen und der Schwarte unterschied, Letztere für eine Suppe aus Gartenkräutern zu verwenden, um ihr einen kräftigeren Geschmack zu verleihen.

Die Abtei hatte einen Bestand von sechshundert Schweinen, von denen jährlich dreihundertsiebzig vom Cellerar geschlachtet und zum Verzehr eingelagert wurden (fünfzig gehörten zum speziellen Vorrat des Abtes). Das machte also ein Schwein pro Tag, wobei man nicht vergessen darf, dass das Jahr sechsundachtzig Fasttage hatte. Zum Konservieren wurde das Fleisch meist eingesalzen, manchmal auch geräuchert.

Die Eisbeine in kaltem Wasser 4 – 5 Stunden entsalzen. Das Wasser zwischendurch mehrmals wechseln.

GEMÜSEBRÜHE:
In einer großen Kasserolle das Wasser mit den restlichen Zutaten zum Kochen bringen und 40 Minuten köcheln lassen. Beiseite stellen.

In einer weiteren Kasserolle die Eisbeine in kaltem Wasser aufsetzen, zum Kochen bringen und 5 Minuten blanchieren. Abgießen und abkühlen lassen.
Die Gemüsebrühe wieder erhitzen, die Eisbeine einlegen und bei milder Hitze 45 Minuten köcheln lassen. Abtropfen lassen; Schwarte und Fett entfernen. Beiseite stellen.
Den Ofen auf 240 °C vorheizen.

TEIG:
Das Mehl, das Schweineschmalz und das Wasser zu einem glatten Teig verarbeiten und 30 Minuten ruhen lassen.
Den Teig halbieren und jeweils 1 cm dick ausrollen. Die Eisbeine in die Teigplatten einschlagen; dabei die Knochenenden hinausragen lassen. Den Teig mit dem Eigelb bestreichen und die Knochenenden mit Alufolie umwickeln. Im Ofen 30 – 40 Minuten backen, bis die Teigkruste vollständig schwarz ist.

SAUCE:
In einer Sauteuse 300 ml der passierten Gemüsebrühe zum Kochen bringen und auf die Hälfte einkochen. Die Sahne einrühren und weitere 3 Minuten kochen lassen. Warm stellen.

Die Eisbeine auf einer Servierplatte anrichten. Die Kuppen der Teigpakete auf halber Höhe abschneiden, sodass das rosa Fleisch zum Vorschein kommt.
Die gehackten Kräuter unter die Sauce ziehen, einen Spritzer Essig hinzugeben und mit Salz und Pfeffer abschmecken. Das Fleisch servieren, die Sauce in einer Sauciere dazu reichen.

Links: Nach der Regel
durften die Mönche kein
Fleisch essen.

Die Metzger, Ausschnitt,
15. Jahrhundert. Fenster
der Kirche Notre-Dame de
Semur-en-Auxois.

Coustelettes mit Bratwurst

*Wir wissen nicht, ob die Mönche damals bereits Bratwürste kannten. Die Erfindung der
Mortadella aber wird den Klöstern der Emilia-Romagna zugeschrieben, die den für ihre
Herstellung nötigen Mörser besaßen. Sie bestand aus Schweinefleisch bester Qualität und
Myrtenbeeren, die angeblich die Jugend erhalten.*

- 8 mitteldicke
  Schweinekoteletts,
  mit Fett
- Salz
- Pfeffer
- 2 kleine Bratwürste
- 1 Schweinenetz,
  gewässert
- 100 ml Öl
- ½ Tomate
- 50 g Schweineleber,
  fein gehackt
- 10 g Schnittlauch

Den Ofen auf 180 °C vorheizen.

Die Koteletts parieren – das Fett dranlassen – und plattieren; salzen und pfeffern.

Die Bratwürste in ½ cm dicke Scheiben schneiden. Gleichmäßig auf 4 Koteletts verteilen und
mit den anderen 4 Koteletts bedecken. Jedes Doppelkotelett in ein Stück Schweinenetz einwickeln und zu kompakten Paketchen formen.

In einer Bratenpfanne das Öl erhitzen und die Coustelettes von beiden Seiten anbraten. Das
Fett abgießen, ½ Glas Wasser zugießen und das Fleisch im Ofen unter gelegentlichem Wenden
10 – 12 Minuten braten. Beständig mit dem Bratenfond beschöpfen; falls nötig, etwas Wasser
nachgießen. Das Fleisch soll eine schöne goldbraune Farbe haben. Die Coustelettes aus der
Pfanne nehmen und beiseite stellen.

Die Tomate enthäuten und die Samen entfernen; das Fruchtfleisch würfeln, in den Bratenfond geben und kurz aufkochen. Von der Kochstelle nehmen und die Leber unterrühren. Salzen,
pfeffern und nochmals gut durchmischen.

Die Coustelettes auf einer Platte anrichten. Den Schnittlauch in die Sauce einrühren und
über das Fleisch gießen.

Grasendes Vieh auf einer Weide, Miniatur aus dem 15. Jahrhundert. Die Mönche unterhielten auf den Ländereien der Klöster bedeutende Herden. Die ersten, eigens für die Schafzucht bestimmten Pachthöfe stammen von den Zisterziensern.

Panierte Lammkeule

Die Zisterzienser schufen die ersten Schäfereien. Vom 12. bis zum 14. Jahrhundert waren sie führend im Handel mit Schafwolle, und sie waren die Ersten, die Pergament herstellten.

- 1 Milchlammkeule von 1,2 kg
- 10 schwarze Oliven
- 10 g grobes Salz
- 200 ml Traubenkernöl
- ½ Knoblauchknolle
- 10 g Petersilienstängel
- ¼ Liter Mineralwasser
- Salz
- Pfeffer
- 200 g feines Paniermehl
- 20 g gesalzene Butter

Die Lammkeule vom Metzger auslösen, parieren und binden lassen.

Den Ofen auf 180 °C vorheizen.

Die Oliven entsteinen und vierteln.

Mithilfe eines spitzen Messers die Lammkeule mit den Olivenvierteln spicken. Das Fleisch sorgfältig mit dem groben Salz einreiben, in 100 ml Öl wenden und 12 Stunden kalt stellen.

In einer Bratenpfanne 50 ml Öl erhitzen und die Lammkeule von allen Seiten braun anbraten. Das Fett weggießen und durch das verbliebene Öl ersetzen. Den Knoblauch, die Petersilienstängel und 150 ml Mineralwasser hinzugeben; das Fleisch mit der Flüssigkeit übergießen und im Ofen 20 Minuten schmoren. Dabei die Lammkeule weitere drei- bis viermal mit dem Fond begießen. Aus dem Ofen nehmen und in Alufolie einwickeln. Die Ofentemperatur auf 220 °C hochstellen.

Die Bratenpfanne auf den Herd stellen, mit 100 ml Mineralwasser ablöschen, zum Kochen bringen und den am Boden haftenden Bratensatz loskratzen. Salzen, pfeffern, durch ein feines Sieb passieren und warm stellen.

Die Lammkeule in dem Paniermehl wenden, das Mehl fest andrücken, damit es haften bleibt. Die Butter in Flöckchen darauf verteilen und im Ofen in 6 Minuten goldbraun überbacken. Die Sauce separat dazu reichen. Als Beilage passt Kapuzinerbart à la crème (Seite 45).

Das Mineralwasser beschleunigt die Bräunung des Fleisches und salzt den Fond.

Osterlamm

Pilze wurden im Mittelalter von den Mönchen kaum verwendet. Der heilige Bernhard erlaubte nur solche Produkte zu essen, die der Mensch durch eigene Arbeit hervorbrachte. In Cluny wurden zu Pfingsten 1386 dreizehn Hammel geschlachtet, die man mit einer Farce füllte. Dazu gab es dreihundert Brote, Wein, Karpfen, Aale, Käse- und Kräuterflans und „bracelli" (Brezeln).

❖ 1 Lammschulter
  (1,8 kg mit Knochen)
❖ 2 Tauben
❖ Salz
❖ Pfeffer
❖ 20 g Trüffeln (nach
  Belieben)
❖ 30 g Champignons
❖ 100 ml Öl
❖ 4 kleine Brühwürste
  (je 5 cm lang)
❖ 1 Schweinenetz,
  gewässert
❖ 1 Zwiebel, fein
  gehackt
❖ 50 g Möhre, fein
  gehackt
❖ 1 Bouquet garni
❖ 1 Glas Wasser
❖ Portulak

Die Lammschulter auslösen. Die Tauben ebenfalls auslösen, die Brustfilets teilen, in 1 cm große Würfel schneiden, salzen und pfeffern; das Keulenfleisch fein hacken.

Die Trüffeln und Champignons in feine Würfel schneiden.

In einer Pfanne 40 ml Öl erhitzen und die Trüffel- und Champignonwürfel darin braten; abtropfen lassen.

Für die Füllung das gehackte und gewürfelte Taubenfleisch, die Pilze, die Würste, Salz und Pfeffer miteinander vermengen.

Das Schweinenetz ausbreiten, die ausgelöste Lammschulter darauf legen, die vorbereitete Füllung in die Mitte geben und die Fleischränder zum Verschließen darüber schlagen. Mit den Händen das Fleischpaket zu einer Kugel formen, in das Schweinenetz einwickeln und mit reichlich Küchengarn verschnüren. Salzen und pfeffern.

Den Ofen auf 180 °C vorheizen.

In einer Bratenpfanne das restliche Öl erhitzen, die Zwiebel, Möhre und das Bouquet garni kurz darin anschwitzen, das Fleisch einlegen und von allen Seiten gleichmäßig braun anbraten. Mit ½ Glas Wasser ablöschen und 15 Minuten in den Ofen schieben. Das restliche Wasser hinzugießen und weitere 10 Minuten schmoren. Das Fleisch aus dem Ofen nehmen, abgedeckt warm stellen und 15 Minuten nachziehen lassen. Den Fond durch ein feines Sieb passieren.

Auf einer Servierplatte das Lammfleisch auf einem Portulakbett anrichten und mit dem Fond übergießen. Die Kuppe der Fleischkugel aufschneiden und zunächst die Füllung mit etwas Fond, dann das Fleisch mit dem Portulak und Fond servieren.

Der Brauch, zu Ostern ein Lamm zu bereiten, geht auf den christlichen Hintergrund des „Lamm Gottes" zurück, das die sühnende Kraft von Jesu Opfertod versinnbildlicht. In der Kunst des Mittelalters wurde das Lamm mit der Kreuzfahne dargestellt, ein Bild des leidenden und auferstandenen Christus und damit ebenfalls der Bezug zum Osterfest.

Küche in den Hospices de Beaune von Joseph Bail. Nonnen stehen an, um von der servierenden Schwester ihre Pietanz entgegenzunehmen.

Kalbsleber „Hospices de Beaune"

- ❖ 500 g Kalbsleber im Ganzen
- ❖ 30 g fetter Speck, in Stifte geschnitten
- ❖ Salz, Pfeffer
- ❖ 1 Schweinenetz, gewässert
- ❖ 1 Flasche junger roter Burgunder
- ❖ ½ Zwiebel
- ❖ 1 Gewürznelke
- ❖ 1 kleine Zimtstange
- ❖ 1 Bouquet garni
- ❖ 200 ml Sauce nuitonne (Seite 182)

In Cluny gab es jeden Sonntag – mit Ausnahme des Advents, der Fastenzeit und der Septuagesima – wie auch an Pfingsten und dem ersten Tag der Generalkapitel eine besondere Platte mit kleinen, würzigen, safranisierten Hackfleischbällchen.

Die Leber mit den Speckstiften spicken, salzen, pfeffern und in das Schweinenetz einwickeln.

Den Rotwein in einen Topf mit Dämpfeinsatz gießen. Die mit der Nelke gespickte Zwiebel, die Zimtstange und das Bouquet garni hinzufügen, zum Kochen bringen und die Hitze anschließend herunterstellen. Die Leber in den Dämpfeinsatz einlegen und 20 Minuten sanft dämpfen. Der Wein darf nicht mehr kochen.

Den Topf von der Kochstelle nehmen und die Leber 5 Minuten ruhen lassen.

Die Sauce nuitonne erhitzen und eine kleine Kelle der Dämpfflüssigkeit unterrühren. Der Wein verleiht der Sauce eine frische Note.

Die Leber auf einer Platte anrichten und mit der Rotweinsauce übergießen.

Die Leber sollte innen noch leicht rosa sein.

In der von Dom Anselme Davril übersetzten Ordensregel Fleurys aus
dem 13. Jahrhundert wird auch folgendes Mittagsmahl erwähnt:
– zwei Fischspeisen,
– eine Gemüsespeise mit einer Rinderniere,
– Brezeln und eine Pietanz besten Weines.

Kalbsnieren mit Persillade

- 2 Kalbsnieren in
  ihrem Fett
- Salz, Pfeffer
- 100 ml Öl
- 20 g Knoblauch, blan-
  chiert und fein gehackt
- 10 g Schalotte, blan-
  chiert und fein gehackt
- 10 g Petersilie, gehackt
- 6 Kardamomsamen,
  zerstoßen
- 10 g feines Paniermehl

Mit einem Messer das Fett von den Nieren entfernen, eine dünne Schicht jedoch zurücklassen.
Die Nieren auf einer Seite einschneiden und vorsichtig die Harnwege herausschneiden. Salzen
und pfeffern.

In einer Sauteuse 50 ml Öl erhitzen, die Nieren darin von allen Seiten Farbe nehmen lassen
und 15 Minuten sautieren. Abkühlen lassen. Den Grill vorheizen.

Für die Persillade in einer Schüssel den Knoblauch, die Schalotte, Petersilie, den Kardamom,
das Paniermehl, Salz und Pfeffer vermengen.

Die Nieren in Scheiben schneiden, mit dem verbliebenen Öl bestreichen und von beiden
Seiten fertig grillen, sodass ein Grillmuster auf dem Fleisch entsteht.

Auf jedem Teller 4 Scheiben Kalbsniere anrichten und mit der Persillade bestreuen. Dazu
passen sautierte Steinpilze oder „Stroh-Zucchini" (wie Stroh-Kartoffeln zubereitet, nur mit
Zucchini oder Kürbis anstelle von Kartoffeln).

Bündner Fleisch

- 8 Scheiben Roggenbrot
- 50 g Rauke
- 200 g Bündner Fleisch,
  in sehr feine Scheiben
  geschnitten
- 150 g Knochenmark,
  ausgelöst und in kaltem
  Wasser gewässert
- 5 g feines Salz
- 5 g grobes Salz
- 5 g grob gemahlener
  Pfeffer
- 50 ml Weinessig
- 1 Prise Zucker

*Rindfleisch mit Pfeffersauce war die Spezialität eines Klosters in der Provence. Sie wurde zu
Weihnachten und anderen großen Anlässen serviert. In Sankt Gallen wurde Rindfleisch
wahrscheinlich damals bereits getrocknet.*

Das Brot toasten.

Eine Servierplatte mit der Rauke belegen und das Bündner Fleisch darauf anrichten.

In einer Kasserolle das Knochenmark 5 Minuten in Salzwasser pochieren; abtropfen lassen
und in Scheiben schneiden.

Die getoasteten Brotscheiben mit den Markscheiben belegen und mit dem groben Salz und
dem grob gemahlenen Pfeffer bestreuen. Warm stellen.

In einer Kasserolle den Essig mit dem Zucker reduzieren.

Mit einem Pinsel das Knochenmark mit dem Essigsirup bestreichen und zusammen mit dem
Fleisch servieren.

Pot-au-feu-Terrine mit Pastinaken und Pfeffermayonnaise

Pot-au-feu wird im Französischen auch „plat-d'évêque" (Bischofsteller) genannt, eigentlich eine „herabwürdigende" Bezeichnung, denn es ist kein Geringerer als Kardinal Schinner von Sitten in der Schweiz (1456 – 1522), auf den sie zurückgeht. Als der Kardinal während des Krieges gegen Franz I. einmal Zuflucht bei den Bauern suchte, um seine Kräfte zu sammeln, verlangte er von ihnen einen Pot-au-feu, und zwar nach seiner eigenen Façon. mit einem ordentlichen, fetten Stück Rindfleisch, verschiedenen Gemüsesorten, Kalbshachse, Ochsenschwanz, Schnepfe, Regenpfeifer oder Rebhuhn, gegart in einer Brühe aus altem Weißwein und begleitet von einer säuerlichen Meerrettichsauce. Und was machten die Bauern am nächsten Tag mit den Resten? Hier ist das Rezept!

- 800 ml klare Brühe
- 50 g Tapiokastärke
- 300 g Pastinaken
- 150 g Rinderbug, gekocht
- 150 g Ochsenschwanz, gekocht und ausgelöst
- 150 g Querrippe, gekocht
- 150 g Rinderblume, gekocht
- 30 g Blattsellerie
- 3 Blatt Gelatine

FÜR DIE
MAYONNAISE
- 10 weiße Pfefferkörner
- 10 schwarze Pfefferkörner
- 10 rosa Pfefferkörner
- 5 grüne Pfefferkörner
- 1 Eigelb
- 10 g grüner Senf
- 300 ml Erdnussöl
- 1 Spritzer Weinessig
- Salz
- Pfeffer

In einer Kasserolle 200 ml Brühe mit der Tapiokastärke zum Sieden bringen und unter Rühren 25 Minuten kochen; abseihen und beiseite stellen.

Die Pastinaken putzen und halbieren. In einer Kasserolle 300 ml Brühe aufkochen und die Pastinaken 30 Minuten darin garen. Abtropfen lassen und in lange Stäbchen schneiden.

Alles Fleisch in 1 cm dicke Scheiben schneiden.

Während die Pastinaken garen, den Blattsellerie blanchieren, kalt abschrecken und mit einem Küchentuch trockentupfen. Die Gelatine in kaltem Wasser einweichen.

In einer weiteren Kasserolle die verbliebenen 300 ml Brühe erhitzen. Die Gelatine gut ausdrücken und in der heißen Brühe auflösen. Abschmecken (bedenken Sie, dass die Brühe bereits gewürzt ist).

Eine rechteckige Terrinenform von 30 cm Länge mit Klarsichtfolie auskleiden. Das Gelee 1 cm hoch einfüllen und kalt stellen.

Sobald das Gelee gestockt ist, die Sellerieblätter dekorativ darauf verteilen. Nacheinander eine Schicht Rindfleischscheiben und Pastinakenstäbchen einlegen, die Tapiokabrühe zugießen und die Pastinaken mit dem Gelee bedecken. Erneut erkalten lassen.

Sobald das Gelee fest ist, das Ochsenschwanzfleisch einschichten, die restlichen Pastinaken darauf arrangieren und wieder mit Gelee bedecken. Nochmals kalt stellen.

Mit den restlichen Scheiben Fleisch und dem verbliebenen Gelee abschließen. Die Terrine 24 Stunden kalt stellen.

MAYONNAISE:
In einem Mörser alle Pfefferkörner zerstoßen. Das Eigelb mit 1 Teelöffel warmem Wasser in eine Schüssel geben, den Pfeffer und Senf hinzufügen und alles miteinander verschlagen.

Das Öl in dünnem Strahl einlaufen lassen und unter kräftigem Rühren einarbeiten. Mit Essig, Salz und Pfeffer abschmecken und in eine Sauciere füllen.

Die Terrine stürzen, die Klarsichtfolie abziehen. In Scheiben schneiden und mit der Pfeffermayonnaise servieren.

Dieses Rezept eignet sich hervorragend für die Resteverwertung eines traditionellen Pot-au-feus aus Rinderbug, Ochsenschwanz, Querrippe, Kamm und Brühe.

Poularde mit Lindenblütensauce

Im 9. Jahrhundert kostete ein Huhn zehn Eier. Im Jahr 822 umfasste der Verbrauch in Saint-Wandrille 140 Poularden, 37 Gänse und 415 Hühnchen. Die Ordensgeistlichen waren geschickte Geflügelzüchter, sie erstellten sogar eine Qualitätsrangordnung: Der „pullus regalis" wurde beim Besuch des Königs serviert; Fürsten kamen in den Genuss des „pullus dominicalis", und der „pullus vindemialis" kam zur Weinernte in den Kochtopf.

❖ 50 g getrocknete Lindenblüten
❖ 1 Poularde von etwa 2,2 kg, in 8 Stücke zerteilt
❖ Salz
❖ Pfeffer
❖ 35 g Butter
❖ 15 g Schalotte, gehackt
❖ 4 Eier
❖ 20 g Champignons, gehackt
❖ 10 g Parmesan, gerieben
❖ 150 ml Sahne
❖ Saft von ¼ Zitrone

Die Lindenblüten 15 Minuten in 700 ml heißem Wasser ziehen lassen. Abseihen.

Die Geflügelstücke salzen und pfeffern.

In einer Sauteuse in 30 g Butter die Schalotte anschwitzen, die Geflügelstücke einlegen und farblos mitschwitzen. Das Fett abgießen und mit dem Lindenblütenaufguss auffüllen. Das Fleisch mit Pergamentpapier bedecken und 35 Minuten leise köcheln lassen.

Die Eier in einer Kasserolle in kaltem Wasser aufsetzen, aufkochen und in 9 Minuten hart kochen. Kalt abschrecken, schälen, längs halbieren, das Eigelb herauslösen und hacken.

In einer Sauteuse die Champignons in der restlichen Butter anschwitzen; zusammen mit dem Parmesan unter das Eigelb mischen und die Masse zurück in die Eihälften füllen.

Das Fleisch, sobald es gar ist, aus dem Topf nehmen, die oberen Schenkelknochen auslösen, warm stellen. Die Garflüssigkeit um ⅓ einkochen, 100 ml Sahne hinzugießen, zum Kochen bringen und leicht eindicken lassen. Mit Salz, Pfeffer und Zitronensaft abschmecken.

Die restliche Sahne steif schlagen und unter die Sauce ziehen.

Die gefüllten Eihälften unter dem Backofengrill gratinieren.

Die Geflügelstücke auf einer länglichen Platte in der ursprünglichen Form des ganzen Vogels anrichten und mit der Sauce nappieren. Die gratinierten Eier um das Fleisch herum arrangieren und mit Lindenblüten dekorieren.

Tauben nach Art der Kartäuser

Die Taubenzucht war ein Privileg der Lehnsherren. Die Mönche waren die Herren ihrer Ländereien, und so besaß jedes Kloster wie der Adel seinen eigenen Taubenschlag.

❖ 4 große Tauben
❖ Salz
❖ Pfeffer
❖ 1 Kopf Wirsing
❖ 80 ml Öl
❖ 50 g durchwachsener Speck, in Streifen geschnitten
❖ 30 g Schweineschwarte
❖ 2 Möhren, gehackt
❖ 200 ml Geflügelbrühe
❖ 6 g Myrte
❖ 100 ml Bratensaft

Den Ofen auf 170 °C vorheizen.

Die Taubenschenkel und Brustfilets auslösen, salzen und pfeffern. Die Karkassen klein hacken und daraus einen Fond zubereiten; 200 ml beiseite stellen.

Die äußeren Wirsingblätter abtrennen, Kohlblätter und das Herz waschen, putzen, in einer großen Kasserolle in Salzwasser blanchieren, abtropfen lassen und trockentupfen.

In einer Pfanne das Öl erhitzen und das Taubenfleisch von allen Seiten braun anbraten. Aus der Pfanne nehmen und beiseite stellen.

Das Kohlherz fein hacken. Die Speckstreifen blanchieren und abtropfen lassen.

Die Schweineschwarte auf den Boden einer Sauteuse legen, die Möhren, den gehackten Kohl, die Geflügelbrühe und Myrte hinzugeben; salzen und pfeffern. Mit Pergamentpapier bedecken, den Topf mit einem Deckel schließen, den Kohl 30 – 40 Minuten köcheln lassen.

4 große Kohlblätter ausbreiten und jeweils ¼ des gekochten Kohls, der Speckstreifen sowie Schenkel und Brustfilets einer Taube darauf verteilen. Zu kugelförmigen Paketen formen.

Die gegarte Schweineschwarte und die 4 Kohlpakete in einen Schmortopf legen. Den Taubenfond und Bratensaft angießen, zum Kochen bringen und im Ofen 40 Minuten garen. Die Kohlpakete auf einer Platte anrichten und mit dem passierten Fond umgießen.

Der Drehspieß, Miniatur aus dem 14. Jahrhundert. Aus den Innereien von Schweinen bereitete man Frikassee oder Ragout, die den armen, kranken Nonnen von Notre-Dame de Soisson wieder auf die Beine halfen.

Ente mit Backpflaumen

Die damals bekannten Dörrpflaumen kamen aus Tours, Agen und Brignoles. Sie stammten von der Perdrigon-Pflaume, die anders als andere Sorten vor dem Dörren entsteint wurde.

Die Trauerente ist eine Wildentenart, die vornehmlich im Wasser lebt. Ihr Fleisch wurde von mehreren Konzilen für fastentauglich erklärt, schließlich aber von Innozenz III. (Papst von 1198–1216) verboten. Dennoch war die Trauerente auf dem Speisezettel der Fastenzeit vertreten, was wie folgt begründet wurde: „Ihr Blut ist kalt, und ihr Fett gleicht dem Tran der Fische." Ihr Fleisch war oft zäh und lederartig und schmeckte nach Fisch, ein Makel, dessen Vertuschung dem Einfallsreichtum unseres coquinarius einiges abverlangte. Der servierte sie im Fischsud, mit Muscheln oder Aal, als Ragout, mit Austernsauce, ja selbst mit Schokolade …

- 100 ml Öl
- 1 Barbarie-Ente von etwa 2 kg
- Salz
- Pfeffer
- 200 ml Ratafia (Fruchtsaftlikör)
- 200 ml Geflügelbrühe
- 250 g große Backpflaumen, entsteint
- 1 kleine Zimtstange

In einer Kasserolle 50 ml Öl erhitzen und das Entenklein (Hals, Flügel und Magen) darin anbraten. Das Öl abgießen, den Bratensatz mit 100 ml Wasser ablöschen und 5 Minuten garen. Das Entenklein herausnehmen, den Fond durch ein Sieb passieren und beiseite stellen.

Die küchenfertige Ente salzen und pfeffern.

In derselben Kasserolle das restliche Öl erhitzen und den Vogel darin von allen Seiten anbraten. Das Öl abgießen, den Ratafia und die Geflügelbrühe zugießen, das Entenklein und den Fond hinzufügen, einen Deckel auflegen und die Ente bei mittlerer Hitze 25 Minuten garen. Die Backpflaumen und die Zimtstange dazugeben und weitere 15 Minuten garen, dabei die Ente immer wieder mit der Garflüssigkeit übergießen. Die Ente aus dem Topf nehmen, in Alufolie einwickeln und ruhen lassen.

Die Backpflaumen herausnehmen, 8 Stück beiseite legen. Die Sauce durch ein feines Sieb passieren. Die restlichen Backpflaumen durch ein Trommelsieb streichen und das aufgefangene Fruchtpüree unter die Sauce rühren. Salzen, pfeffern und warm stellen.

Die Entenkeulen und Brustfilets auslösen und halbieren. Die 8 Geflügelstücke auf einer Platte anrichten, mit den zurückbehaltenen Pflaumen garnieren und mit der Sauce nappieren. Pro Person je ein Stück Brust und Keule servieren und mit der Sauce überziehen.

Dieses Rezept lässt sich auch mit allen anderen Trockenfrüchten zubereiten.

Junger Puter „Heiliger Franziskus"

Die Gans, ob wild oder gezüchtet, war während des gesamten Mittelalters und bis ins 16. Jahrhundert hinein die Königin der Feiertage. Als Festbraten am Martinstag ist sie bis zum heutigen Tage nicht wegzudenken. Und so kam der heilige Martin mit Gänsen zusammen: Der Heilige war Bischof von Tours und soll einer Legende zufolge bei seiner Predigt von einem mächtigen Gänsegeschnatter gestört worden sein. Eine andere Legende sagt ihm nach, er habe sich in einem Gänsestall versteckt, als ihn die Angst vor dem schweren Bischofsamt überkam, doch die Gänse haben ihn verraten.

Später wurde die Gans vom Truthahn beziehungsweise der Truthenne oder Pute entthront, deren Fleisch feiner war und darum ihrerseits zum klösterlichen Weihnachtsschmaus avancierte.

- 1 junger Puter von 3 kg
- Salz
- 200 g helle Weintrauben
- 20 g Schalotte, gehackt
- 20 g Butter
- 100 g Akazienhonig
- ½ Liter Geflügelbrühe
- 1 Flasche Rotwein (Maury)
- Pfeffer
- 8 Mispeln
- Saft von 1 Zitrone

Den Ofen auf 170 °C vorheizen.

Den Puter küchenfertig vorbereiten. Dafür die Sehnen an den Beinen des Puters herausziehen und den Vogel parieren. Gründlich waschen, innen und außen trockentupfen.

In einem großen Schmortopf Salzwasser zum Kochen bringen und den Puter darin 25 Minuten bei milder Hitze pochieren. Abtropfen lassen und mit den entstielten und entkernten Weintrauben füllen.

In einem großen Schmortopf die Schalotte in der Butter glasig schwitzen, den Puter einsetzen und Farbe nehmen lassen. Mit dem Honig überziehen und weiter anbraten; dabei zwei- bis dreimal wenden.

Die Hälfte der Brühe und des Weines hinzugießen und um die Hälfte einkochen lassen. Den Rest des Weines und der Brühe zugießen, salzen, pfeffern, den Topf mit einem Deckel verschließen und den Puter im Ofen 40 Minuten schmoren. Zwischendurch immer wieder mit dem Schmorfond übergießen.

Die Mispeln putzen, entstielen, vom Stielansatz her enthäuten und 20 Minuten vor Ende der Garzeit zum Fleisch geben.

Den Puter aus dem Ofen nehmen, auf eine große Servierplatte setzen und mit den Mispeln umlegen. Die Sauce passieren und je nach gewünschter Konsistenz noch etwas einkochen. Den Zitronensaft nach Geschmack unterrühren, mit Salz und Pfeffer abschmecken und die Sauce über den Puter gießen.

Hühnertopf „Guter Christ"

Im 15. Jahrhundert teilten sich die Mönche in Cluny zum Abendessen ein halbes gebratenes Huhn. Doch wurde Huhn in Cluny schon lange zuvor gegessen, wie jene Geschichte aus dem 10. Jahrhundert über einen Mönch belegt, der eines Tages die Abtei verließ, um seine Eltern zu besuchen. Es war ein Fasttag, und so sah er sich schon Fisch im elterlichen Hause essen, als er plötzlich auf dem Hof einige pickende Hühner bemerkte. Er nahm einen Stock, erschlug eines und überreichte es seinen Eltern mit den Worten: „Seht, das ist der Fisch, den ich heute essen werde." – „Potztausend!", entgegneten sie ihm. „Hast du denn die Erlaubnis, das Fasten zu brechen?" – „Nein", antwortete er, „aber Geflügel ist kein Fleisch. Die Vögel wurden am gleichen Tag geschaffen wie die Fische, sie haben denselben Ursprung." Der Glaube eilt stets zur Rettung!

- ❖ 1 Knoblauchzehe
- ❖ 1 Poularde von etwa 2,2 kg
- ❖ 4 Möhren
- ❖ ¼ Staude Grünkohl
- ❖ 4 Stangen Bleichsellerie
- ❖ Salz
- ❖ Pfeffer
- ❖ 1 Zitronenscheibe
- ❖ 2 Liter Geflügelbrühe
- ❖ 200 g Gänsestopfleber
- ❖ 200 ml Sahne
- ❖ 10 g grobes Salz

Einen Steinguttopf von innen mit der Knoblauchzehe ausreiben. Die Poularde einsetzen, das vorbereitete Gemüse, Salz, Pfeffer und die Zitronenscheibe hinzugeben und mit der Brühe auffüllen.

Zum Kochen bringen, den Topf mit einem Deckel verschließen und die Poularde 50 Minuten bei mäßiger Hitze garen.

10 Minuten vor Ende der Garzeit die Stopfleber dazugeben. Von der Kochstelle nehmen und ruhen lassen.

SAUCE:

In einer Kasserolle 100 ml der Garflüssigkeit zum Kochen bringen und um ⅓ reduzieren; die Sahne einrühren und weiter reduzieren, bis die Sauce eine sämige Konsistenz hat. Salzen, pfeffern und beiseite stellen.

Die Poularde in 8 Teile zerlegen und zurück in den Topf geben.

Pro Person je 1 Stück Brust und Keule servieren. Je ein Stück Stopfleber, das Gemüse und etwas von der Brühe dazu reichen. Das Fleisch mit etwas Sauce überziehen und nach Geschmack mit dem groben Salz bestreuen.

Links: Ausschnitt aus einem römischen Fresko.

Fasan mit Feigen und Sherry

Eine nicht heimische Fasanenart mit dem französischen Namen „Elliot" wurde vom Abt David aus China nach Frankreich eingeführt.

- ❖ 2 Fasanenhennen
- ❖ Salz
- ❖ Pfeffer
- ❖ 100 g weiße Zwiebeln, gehackt
- ❖ 20 g Butter
- ❖ 250 ml Sherry
- ❖ Abgeriebene Schale von ¼ unbehandelten Orange
- ❖ 1 Bouquet garni
- ❖ 1 Möhre
- ❖ 2 g Fenchelsamen
- ❖ 10 reife violette Feigen
- ❖ Saft von ¼ Zitrone
- ❖ 20 g Walnusskerne

Die Keulen auslösen, Rücken- und Brustteile trennen, das Brustfleisch am Knochen lassen. Aus den Karkassen einen Fond zubereiten, 200 ml beiseite stellen. Das Fleisch salzen und pfeffern.

In einer Schmorpfanne die Zwiebeln in der Butter glasig schwitzen, das Fleisch einlegen und anbraten. Die Hälfte des beiseite gestellten Fonds und des Sherrys zugießen, die Orangenschale, das Bouquet garni, die Möhre, Fenchelsamen, 2 Feigen, Salz und Pfeffer hinzufügen und die Flüssigkeit um die Hälfte einkochen.

Mit dem restlichen Fond und Sherry auffüllen, zum Kochen bringen, mit einem Deckel verschließen und 15 Minuten bei mittlerer Hitze schmoren; zwischendurch das Fleisch immer wieder mit der Garflüssigkeit begießen.

Die Feigen am Stielansatz einkreuzen und 7 Minuten vor Ende der Garzeit zum Fleisch geben.

Sobald das Fleisch gar ist, aus der Pfanne nehmen. Die Brustfilets auslösen und alles auf einer Platte anrichten. Mit den verbliebenen Feigen dekorieren und warm stellen.

Die beiden mitgegarten Feigen in der Garflüssigkeit zerdrücken, die Sauce durch ein feines Sieb passieren und mit Salz, Pfeffer und dem Zitronensaft abschmecken.

Die beiden Fasanenbrüste und die Feigen mit der Sauce überziehen und mit den Walnusskernen dekorieren.

In von Mauern eingefassten Wildgehegen züchteten die Mönche Kaninchen und Hasen.

Wildkaninchenterrine

Im Allgemeinen gingen Mönche nicht auf die Jagd. Doch die Mailänder Chronik berichtet von einigen aufmüpfigen, der religiösen Disziplin trotzenden Ordenspriestern, die in voller Montur die Messe lasen, während die Hunde, angebunden am Altar, und das Pferd draußen vor der Kirche bereits warteten.

Den Ofen auf 160 °C vorheizen.

Das Salz mit den *quatre-épices* (Mischung aus Zimt, Nelke, Muskatnuss und Pfeffer; ersatzweise Piment) vermengen.

Das Kaninchen entbeinen und parieren. Die Rückenfilets und Keulen in breite Streifen schneiden, mit einem Teil der Salzmischung würzen und mit dem Madeira und Cognac marinieren.

Das Schweinefleisch mit dem Kaninchenherz, -hirn, der Leber, den Vorderläufen und den Speckstreifen durch die mittlere Lochscheibe des Fleischwolfes drehen; mit der Salzmischung würzen. Die Kaninchen-Marinade unter die Farce mengen und sorgfältig einarbeiten.

Eine Terrinenform aus Steingut mit den Speckscheiben auskleiden und über den Rand hinaushängen lassen. Den Boden und die Seiten der Form mit Farce einstreichen. Die Hälfte der Farce in die Form einfüllen und glatt streichen. Eine Schicht mariniertes Kaninchenfleisch einlegen.

In einer Pfanne die Butter zerlassen, die Schalotte, Zwiebel und den Knoblauch farblos darin anschwitzen, auf Küchenkrepp abtropfen lassen und gleichmäßig in der Form verteilen. Eine weitere Schicht Farce einfüllen, das restliche Kaninchenfleisch einlegen und mit der Farce abschließen. Die Lorbeerblätter darauf legen und mit den überhängenden Speckscheiben bedecken. Die Form mit Alufolie oder einem Deckel verschließen und die Terrine im Ofen im Wasserbad 1 ½ Stunden garen.

Um den Gargrad zu prüfen, ein Messer ganz einstechen und nach 15 Sekunden wieder herausziehen. Ist die Klinge auf ganzer Länge heiß, ist die Terrine gar. Die Terrine aus dem Ofen nehmen, ein Brett darauf legen und mit einem 500-g-Gewicht beschweren. 3 Stunden kalt stellen.

Sie können die Terrine so, wie sie ist, servieren oder mit Kaninchengelee und einem Berberitzenpüree noch verfeinern.

Zutaten (Wildkaninchenterrine)

- 12 g Salz
- 15 g *quatre-épices*
- 1 Wildkaninchen von 1,3 kg
- 100 ml Madeira
- 5 cl Cognac
- 500 g fettes Schweinefleisch
- 250 g schieres Schweinefleisch
- 125 g durchwachsener Speck in Streifen, blanchiert
- 3 dünne, große Scheiben fetter Speck
- 10 g Butter
- 1 Schalotte, gehackt
- 1 kleine weiße Zwiebel, gehackt
- 2 Knoblauchzehen, gehackt
- 2 Lorbeerblätter

Kaninchengelee und Berberitzenpüree

Die Berberitzen in einen Kräutersack füllen.

In einer Sauteuse das Öl erhitzen und das zerkleinerte Gemüse, Knoblauch, Schalotte, Bouquet garni und Berberitzen darin anschwitzen; die klein gehackte Karkasse und den Kalbsfuß hinzugeben und mit dem Wasser auffüllen. Bei milder Hitze unter gelegentlichem Abschäumen 35 Minuten köcheln lassen.

Die Berberitzen herausnehmen und die Brühe durch ein feines Sieb passieren, es sollen etwa 700 ml Flüssigkeit verbleiben.

Die Berberitzen durch ein Trommelsieb streichen, dabei das Fruchtpüree auffangen und beiseite stellen.

Das Gelee in die noch warme Kaninchenterrine füllen und das Berberitzenpüree dazu servieren.

Zutaten (Kaninchengelee und Berberitzenpüree)

- 600 g Berberitzen
- 70 ml Öl
- 50 g Bleichsellerie
- 30 g Lauch
- 2 Möhren, 1 Zwiebel
- 1 Knoblauchzehe
- 1 Schalotte
- 1 Bouquet garni
- 1 Kaninchenkarkasse
- ½ Kalbsfuß
- 2 Liter Wasser
- Salz, Pfeffer

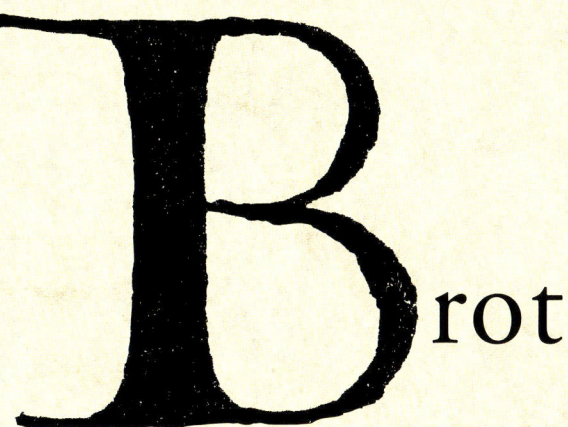

Brot

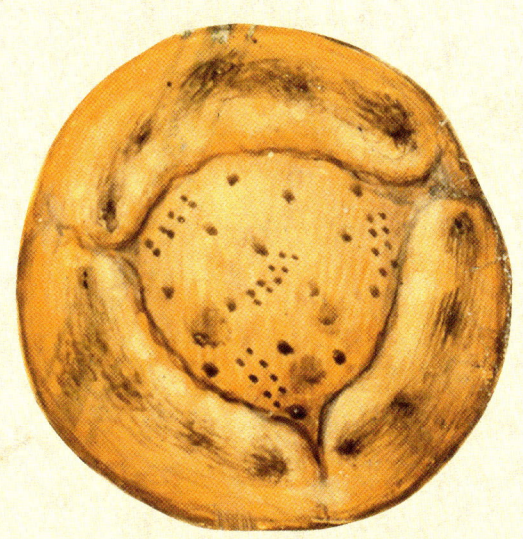

Dem heiligen Honoratus (von Amiens),
Patron der Bäcker

„Unser tägliches Brot gib uns heute."
„Im Schweiße deines Angesichts sollst du dein Brot essen."

Brot – ein heiliges Nahrungsmittel

Brot ist Nahrung von Gottes Gnaden, ein Lebensmittel von biblischer Bedeutung – Bethlehem bedeutet „Haus des Brotes" –, das fester Bestandteil des religiösen Rituals ist: Fastenbrot, Osterbrot, Weihnachtsbrot, „Messbrot", Brot der Buße, Kapitelsbrot ... Bereits der heilige Martin (316–397) verband mit dem Brot drei Lehren: die Entbehrung, die Läuterung und den biblischen Ursprung. Die Geschichte des Brotes würde ein eigenes Buch füllen. Also beschränken wir uns lieber auf seine Bedeutung für die Ernährung in den Klöstern.

Oben: **Brot und Wein gehören fast immer zusammen.** *Vom Leben des Saint-Savin* von Giovanni Boccati, 15. Jahrhundert.

Rechts: **Getreidehändler, Miniatur aus dem 15. Jahrhundert.**

Das tägliche Brot

Brot war für die Mönche ein Hauptnahrungsmittel. Es deckte einundneunzig Prozent ihrer Kalorienzufuhr. Die in der Benediktregel vorgeschriebene tägliche Standardration betrug einen knappen Pfundlaib (439 g) pro Person. Diese Ration war allerdings nicht feststehend, sondern variierte von Kloster zu Kloster und richtete sich auch nach dem Arbeitspensum der Brüder. In Saint-Germain-des-Prés betrug die Tagesration im 9. Jahrhundert zwei Kilogramm pro Mönch, in Saint-Denis waren es 1,780 Kilogramm. Im darauf folgenden Jahrhundert erhielt in Fleury jeder Mönch ein *livre*, also 439 Gramm, während die Ration in Corbie noch 1,7 Kilogramm betrug.

Aus jener fernen Epoche stammt auch das Wort „Kumpan" (im Französischen „copain", wörtlich: zum Brot). Denn der Hauptbestandteil der Mahlzeit war Brot, und alles, was es dazu gab, wurde im Lateinischen companaticum – „zum Brot" – genannt. Ich glaube, der beste Kumpan des Brotes, abgesehen von dem, der es aß, war das Püree aus Frischgemüse oder Hülsenfrüchten. Es würde zumindest erklären, warum so mancher fromme Mönch mit einem ansehnlichen Polster gesegnet war ...

Hier ein Beispiel für eine Tagesration aus der ersten Hälfte des 9. Jahrhunderts: 1½ bis 2 Kilogramm Brot, 130 bis 230 Gramm getrocknete Hülsenfrüchte, 70 bis 110 Gramm Käse, 33 bis 35 Gramm Fett sowie ein wenig Salz und Honig. Das waren nicht weniger als stolze sechstausend Kalorien!

Das Klosterbrot

Der Klosterbäcker hieß *granarius*. Seine Bäckerei war wie jeder andere Bereich im Kloster straff organisiert. Die Religiosen teilten sich die verschiedenen Arbeitsschritte. Einer knetete den Teig, der Nächste zerteilte ihn, ein anderer wog die Stücke ab, und wieder ein anderer legte die fertigen Laibe in Körbe, wo sie eine Weile ruhten.

In Cluny wurden im 11. Jahrhundert zwei verschiedene Sorten Brot hergestellt, die beide von runder Form, aber unterschiedlicher Qualität waren: ein fladenartiges Roggenbrot – in der Zeichensprache wurde es benannt, indem man den Daumen mit dem Mittel- und Zeigefinger zu einem Kreis zusammenführte – und ein qualitativ hochwertigeres Weizenbrot, das in Wasser gargezogen wurde und den kranken und zur Ader gelassenen Mönchen vorbehalten war.

Klosterbäckerei, Miniatur aus dem 15. Jahrhundert.

In Fleury hatte das „tägliche Brot" die Form großer Münzen. Darauf stand, eingerahmt von zwei eingeritzten Kreisen, die Inschrift: „Dies ist das Brot des heiligen Benedikt", während das Abbild des Benediktinervaters die Mitte des Brotlaibes zierte.

In Clairvaux wurde ein sehr rustikales Brot aus Gerste, Hirse und Saatwicke gebacken. Zu Zeiten der Lehnsherrschaft stellte man dort auch ein „bis-cuit" oder „biscoti" genanntes Brot her, das, wie sein Name im Französischen bereits sagt, zweimal gebacken wurde (bis: zweimal; cuit: gegart). Sein besonderer Vorzug bestand in seiner langen Haltbarkeit. Dank dieser Eigenschaft diente es auch in der Seefahrt als langlebiger Proviant und wurde schließlich „Brot der Meere" genannt. Fein zermahlen wurde es zum Binden von Saucen verwendet und avancierte damit gleichsam zum Urahn des Paniermehls.

Bei den Kartäusern war das einfache Brot für die Konversen, während das feinere den Chormönchen vorbehalten war (jeder ist sich selbst der Nächste …). Die Klosterbäckerei von Sankt Gallen konnte im 10. Jahrhundert täglich bis zu eintausend Brote backen, ein Beweis für die Bedeutung des Klosters. Darunter fanden sich alle erdenklichen Sorten: aus Dinkel, Roggen, Gerste, Hafer; warmes und kaltes Brot, in Asche gebacken, in Wasser gegart, geröstet oder gebrüht; Kuchenbrote, Brötchen, Kränze, Hefebrot … Und alle hatten sie Gottes Segen.

In Königsaal bereiteten die Mönche im 13. Jahrhundert an Feiertagen ein Brot aus Gerstenmehl und Bierhefe. In Monte Cassino wurde an Karfreitag nicht gerade aufgetischt. Die einzige Mahlzeit bestand aus einer Art Brot, das zweimal mit Wasser benetzt wurde.

Das ungesäuerte Brot

Ihm gebührt eine besondere Erwähnung: Es ist das Brot der Reinheit und der Spiritualität, die Hostie der Eucharistiefeier (Hostie stammt von dem lateinischen *hostia* und heißt Opfer). Ohne Hefe gebacken, ist es gleichsam das Brot auf der Tafel des Herrn. Die Gärung wird bei der Teigherstellung unterdrückt, denn sie ist dem Allmächtigen unwürdig. In der Ordensregel von Fleury ist nachzulesen, dass das Brot für die Eucharistie, das Abendmahlsbrot, alle fünfzehn Tage jeweils am Freitag vom Priester hergestellt wurde. Während der Zubereitung musste er sein Priestergewand tragen und unablässig psalmodieren.

Hostien beziehungsweise Oblaten wurden aber auch zu anderen wichtigen Festen hergestellt und gemeinsam mit Kuchen an die Brüder verteilt. Der Teig für dieses „Messbrot", im Französischen auch „pain à chanter" (Brot zum Gesang) genannt, wurde aus dem allerfeinsten Weizenmehl und Wasser bereitet. Ich füge gern hinzu, dass es auch als Hülle für den *nogat* (Nougat) sowie als Unterlage für Backwaren und – das sage ich mit erheblichen Skrupeln – auch zum Versiegeln von Briefen (Siegeloblaten) diente.

Bäcker im 15. Jahrhundert, Fresko im Schloss von Issogne.

Salzbrezeln

*Brezeln („bracelli"), die man in der Zeichensprache durch Verschränken der Arme bezeich-
nete, wurden in Fleury an rund dreißig Tagen im Jahr verteilt.*

❖ 250 g Mehl
❖ 11 g Hefe
❖ 15 g weiche Butter
❖ 120 ml Wasser
❖ 3 g Salz
❖ 5 g grobes Salz

ZUM BESTREICHEN
❖ 100 g Zwiebelpüree
❖ 20 ml Wasser

Den Ofen auf 180 °C vorheizen.

In einer Schüssel das Mehl, die Hefe und die Butter vermengen. Alle drei Zutaten wie bei
einem Mürbteig mit den Handballen kräftig durchwirken.

Das Wasser und das Salz hinzufügen und weiterkneten, bis der Teig von geschmeidiger
Struktur ist. Den Teigkloß in 5 gleich große Stücke teilen und an einem kühlen Ort kurz
ruhen lassen.

Auf einer Marmorarbeitsfläche die Teigkugeln mit den Händen zu Strängen von 1 cm Dicke
und 40 cm Länge ausrollen. Die Teigstränge zu Brezeln mit zwei Schlingen formen und auf
ein Backblech legen. An einem luftigen Ort 30 Minuten gehen lassen.

Das Zwiebelpüree mit dem Wasser verrühren; die Brezeln mit der Masse bestreichen, mit
dem groben Salz bestreuen und 15 Minuten im Ofen backen.

Dieses Rezept stammt von Christoph Felder, einem Patissier aus dem Elsass.

*Traditionell werden Brezeln vor dem Backen in eine warme Natronlauge getaucht. Sie enthält
1 g Natron auf 100 ml Wasser.*

Geweihtes Brot

*In den Klöstern gab es Wörterbücher der Zeichensprache, die es den Brüdern ermöglichte,
auch an Orten des Stillschweigens – die Kirche, das Dormitorium, das Refektorium und die
Küche – zu kommunizieren. Das Zeichen für Brot stand allgemein ganz am Beginn der
Verzeichnisse.*

❖ 20 g Bierhefe
❖ ½ Liter lauwarme
    Milch
❖ 1 kg Mehl
❖ 500 g Butter
❖ 20 g Salz

Den Ofen auf 200 °C vorheizen.

Für den Vorteig die Hefe in der Hälfte der Milch auflösen, 250 g Mehl zufügen und
alles zu einem Teig verarbeiten. Mit einem feuchten Tuch bedecken und an einem warmen
Ort 30 Minuten gehen lassen.

Den Rest des Mehls und der Milch, die Butter und das Salz ebenfalls zu einem Teig
verarbeiten. Beide Teige zusammenführen und kräftig durchwalken. Abdecken und nochmals
gehen lassen.

Den Teig 1 cm dick ausrollen und in Streifen von 2 cm Breite und 15 cm Länge schneiden.
Mit den Handflächen zunächst zu Strängen rollen und anschließend zu Kringeln formen.
Die Kringel mit Wasser benetzen, auf ein Backblech legen und nochmals gehen lassen. Zum
Verzieren die Kringel rundherum mit einer Küchenschere im Zickzack-Muster einschneiden.
Im Ofen 20 Minuten backen.

Die Initiale Q. Zisterziensermönch bei der Feldarbeit,
Miniatur aus dem 12. Jahrhundert.

Fladenbrot

❖ 15 g Hefe
❖ 100 ml lauwarmes
  Wasser
❖ 5 g Zucker
❖ 7 g Salz
❖ 375 g Auszugsmehl
❖ 4 Eier
❖ 200 g weiche Butter

Dieses Brot wurde früher aus einem Hefeteig mit Bierschaum zubereitet.

Den Ofen auf 150 °C vorheizen.

Die Hefe in dem lauwarmen Wasser auflösen. Nacheinander den Zucker, Salz, das Mehl, die Eier und die Butter hinzufügen und alles zu einem homogenen Teig verarbeiten.

Eine runde Kuchenform ausbuttern, den Teig einfüllen. Mit einem gebutterten Stück Backpapier bedecken und im Ofen 40 Minuten backen.

Feiner Zwieback

Sparsam wie die Klöster waren, wurde altbackenes Brot zu „Arme Ritter" verarbeitet. Dazu wurde es in Milch getaucht und anschließend in der Pfanne gebacken. Brot in Verbindung mit Milch kennzeichnete auch die Mahlzeiten an Himmelfahrt, Pfingsten, dem Dreifaltigkeitssonntag und am Johannistag.

❖ 4 Eiweiß
❖ 150 g Puderzucker
❖ Saft von ¼ Zitrone
❖ 1 altbackener
  Hefezopf (500 g)
❖ 100 g Pistazien, geschält und gehackt

Die Eiweiße durch ein feines Sieb in eine Edelstahlschüssel passieren, um die Hagelschnüre zu entfernen.

Den Puderzucker einstreuen und alles zu einer schaumigen, glatten Masse aufschlagen. Einige Tropfen Zitronensaft unterrühren. Man erhält eine Eiweiß-Schaumglasur.

Den Hefezopf in Scheiben schneiden, mit der Glasur bestreichen, mit den gehackten Pistazien bestreuen und unter dem Backofengrill überbacken.

Dieser Zwieback eignet sich als Beigabe zu einem Dessert.

Brotringe, gebrüht und gebacken

In der Zeichensprache der Mönche diente das Grundzeichen für Brot auch zur Bildung zusammengesetzter Zeichen, mit denen man die verschiedenen Sorten benannte, darunter diese Brotringe.

FÜR DEN VORTEIG
- ❖ 30 g Hefe
- ❖ 100 ml lauwarmes Wasser
- ❖ 150 g Mehl

FÜR DEN BROTTEIG
- ❖ 250 g Mehl
- ❖ 60 ml Olivenöl
- ❖ 2 große Eier
- ❖ 4 g Fenchelsamen
- ❖ 5 g Salz
- ❖ Pfeffer aus der Mühle
- ❖ 50 ml Öl zum Einfetten des Backblechs
- ❖ 1 Ei und 1 Eigelb zum Bestreichen

VORTEIG:

Die Hefe in dem Wasser auflösen.

Das Mehl in eine Schüssel füllen und in die Mitte eine Mulde drücken, die aufgelöste Hefe hineingießen. Mit einem Holzlöffel ¾ des Mehls mit der Hefe zu einem Teig verarbeiten. Den Teig mit dem restlichen Mehl bestreuen, mit einem feuchten Tuch luftdicht abdecken und an einem warmen Ort (15 – 20 °C) 1 Stunde gehen lassen, bis der Teig sein Volumen verdoppelt hat.

BROTTEIG:

Das Mehl auf die Arbeitsfläche häufen und in die Mitte eine große Mulde drücken. Den Vorteig, das Öl, die Eier, Fenchelsamen, Salz und Pfeffer hineingeben.

Die Zutaten in der Mehlmulde vorsichtig miteinander vermischen. Nach und nach von außen nach innen das Mehl einarbeiten, bis nur noch etwa 30 g zum Melieren des Teiges zurückbleiben. Den Teig mit beiden Händen kräftig durchkneten und dabei mehrmals auf die Arbeitsfläche schlagen. Er sollte glatt und geschmeidig sein.

Den Teig in 4 Stücke schneiden. Jedes Teigstück mit den Handflächen zu einem langen, dünnen Strang von 60 cm Länge und 2 cm Dicke ausrollen. Davon jeweils 12 cm lange Stücke abschneiden und ihre Enden wieder zusammenfügen, sodass Ringe entstehen. Die Ringe auf ein Backblech legen, mit einem Tuch bedecken und an einem warmen Ort gehen lassen.

Den Ofen auf 200 °C vorheizen.

Zwei Backbleche mit Öl bestreichen.

In einer großen Kasserolle Wasser zum Kochen bringen, die Teigringe in Partien zu 4 Stück hineingleiten und 30 Sekunden ziehen lassen. Abtropfen lassen und mit einem Palettmesser vorsichtig auf die eingeölten Bleche legen.

Die Ringe mit dem verschlagenen Ei bestreichen, dabei darauf achten, dass kein Ei auf das Blech läuft. Im Ofen 30 Minuten backen. Auf einem Kuchengitter abkühlen lassen.

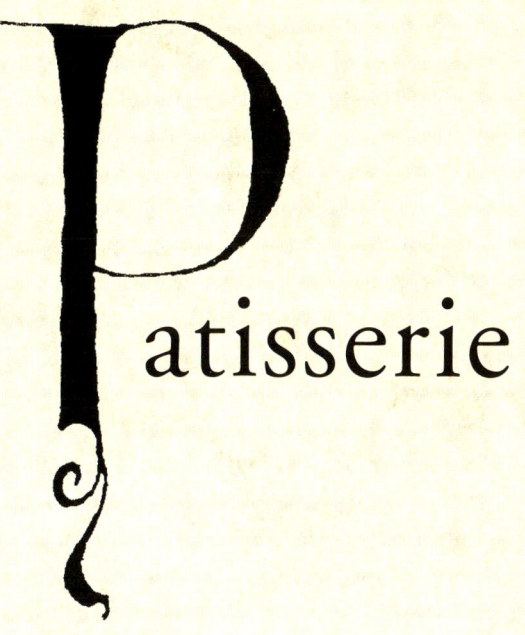atisserie

Dem heiligen Michael,
Schutzpatron der Konditoren

Süßer Balsam in Zeiten der Strenge

Neben den im Laufe der Jahrhunderte schwankenden und unbeständigen Ausnahmen und Abweichungen von den Essvorschriften boten vor allem die kirchlichen Feiertage Gelegenheit, das strenge Leben der Mönche ein wenig zu erleichtern und zu versüßen. Diese Milde äußerte sich in einer Lockerung der Gebetspflichten, feineren Speisen und der Verteilung von Gebäck. Dazu muss erwähnt werden, dass die Verwendung von Mehl, Zucker und Gewürzen in den Klöstern keinen Regeln unterlag. Auch ihr hoher Preis war kein Hindernis, denn Klöster waren reich, und die Apothekerabgabe ermöglichte ihnen eine ständige und erschöpfende Versorgung. Daher stammt der französische Ausdruck „arm sein wie ein Apotheker ohne Zucker".

Also widmeten sich die Mönche der Herstellung von süßem Gebäck, um die Feiertage so gebührend wie möglich zu begehen und die anstrengende Enthaltsamkeit während der Fastenzeit erträglicher zu machen. Erinnern wir uns, dass die großen Zisterzienserklöster sich ab 1274 unter anderen weltlichen Küchenkräften auch an Konditoren wandten.

Häufig waren Feiertage mit einem ganz bestimmten Gebäck verbunden; diese religiöse Tradition hat schließlich auch in den Alltag des gewöhnlichen Volkes Eingang gefunden und so bis in die heutige Zeit überdauert. Bestes Beispiel ist der Dreikönigspfannkuchen, ein ferner Nachhall der Heiligen Drei Könige, der aber dennoch dem Zahn der Zeit widersteht. Ein weiteres Beispiel liefern die Crêpes, die man auch heute noch an Fastnacht isst. Die Herkunft dieses Brauchs ist eher praktischer Natur: Man musste schließlich die letzten Eier und die restliche Milch verbrauchen, bevor die Fastenzeit ihren Verzehr verbot.

Ein Kalender des Feierns

Wie sah nun ein Fest in den Klöstern aus? Darüber ist viel geschrieben worden. Im 8., 9. und 10. Jahrhundert war es in erster Linie ein Bankett; in jener Zeit war praktisch alles ein willkommener Anlass zum Tafeln. Könige, Fürsten, Bischöfe boten mit ihren Besuchen reichlich Gelegenheit zum festlichen Schmaus.

Der Kalender der religiösen Feste umfasste 62 bis 63 Feiertage pro Jahr. Die Zahl erhöhte sich später auf 70 und erreichte in Saint-Denis, dem von den königlichen Herrschern bevorzugten Kloster, sogar 88 Tage.

Hinzu kam eine Reihe von Gedenkfeiern; so zum Beispiel die von Ludwig dem Frommen, der im Jahre 833 im Kloster Saint-Denis seinen Geburtstag und den seiner Frau, der Kaiserin Judith, feiern ließ. Bis 945 hatte das französische Königreich nicht weniger als 87 Gedenktage hervorgebracht.

Die karolingische „Spiritualität" lässt sich in zwei Sätzen zusammenfassen: „Je mehr man isst, desto mehr betet man" und „Mit vollem Bauch ist besser beten". Die Trunkenheit galt als „Kommunion mit Gott"; daher wohl die Exzesse, die den Mönchen nachgesagt werden, denn schließlich mussten sie ja für alle Welt beten. Die Mönche sind eben doch wirkliche Weise!

Rechts: *Das Dreikönigsfest* von Jan Steen. Dreikönigspfannkuchen und Crêpes: Im Gebäck überdauern die religiösen und die volkstümlichen Traditionen.

Königskuchen

Im 16. Jahrhundert wurde der Königskuchen im Französischen „gorenflot" genannt, nach dem Namen des Mönches, der ihn erfand. Er wurde aus einem Bierhefeteig zubereitet, in dem man eine Saubohne versteckte, bevor er in einer achteckigen Form gebacken wurde. Sieben Stücke wurden serviert, das achte gebührte Gott oder den Armen.

- ❖ 100 g weiche Butter
- ❖ 100 g Zucker
- ❖ 100 g gemahlene Mandeln
- ❖ 40 g Konditorcreme (Seite 170)
- ❖ 30 g getrocknete Aprikosen, in kleine Würfel geschnitten
- ❖ 200 g Blätterteig
- ❖ 1 kleine Porzellanbohne
- ❖ 1 Eigelb zum Bestreichen

Den Ofen auf 200 °C vorheizen.

Die Butter, den Zucker und die gemahlenen Mandeln vermengen; die Konditorcreme und die Aprikosen vorsichtig unterrühren. Beiseite stellen.

Den Blätterteig ausrollen und je einen Kreis von 20 und 22 cm Durchmesser ausschneiden. Einen Ausstechring mit 16 cm Durchmesser in die Mitte des kleineren Teigkreises setzen und die vorbereitete Masse einfüllen. Die Porzellanbohne in der Masse verstecken.

Den überstehenden Teigrand mit Eigelb bestreichen. Den Ausstechring behutsam abziehen und den größeren Teigkreis auflegen. Vier- bis fünfmal kreuzweise einstechen, damit der Kuchen sich während des Backens nicht aufbläht. Den unteren Teigrand hochschlagen und mit dem Rand des Deckels versiegeln. Die Oberfläche mit Eigelb bestreichen, mit den Teigresten verzieren und 25 Minuten im Ofen backen.

Ursprünglich wurde für einen Königskuchen jedes Teigstück zunächst zu einem Quadrat ausgerollt. Dann schlug man die vier Ecken zur Mitte hin über und rollte die neu entstandenen Ecken um eine Vierteldrehung ein, sodass ein Kreis entstand. Man ließ den Teig ein wenig ruhen und wellte ihn dann zur gewünschten Größe aus. Auf diese Weise vermied man jeglichen Teigverlust.

Nonnenfürze

- ❖ 2 Liter Erdnussöl
- ❖ 250 ml Milch
- ❖ 60 g Butter
- ❖ 150 g Mehl
- ❖ 15 g Zucker
- ❖ 5 g Salz
- ❖ 4 kleine Eier
- ❖ 30 ml Orangenblütenwasser
- ❖ Puderzucker
- ❖ Heidelbeerkonfitüre

Um dieses Rezept rankt sich eine schöne Geschichte. Die Legende des Fulbert Dumonteil entführt uns in das Kloster Marmoutier, wo sich die Nonnen eifrig und hingebungsvoll der Küchenarbeit widmeten. Es war am Martinstag, dem Fest zu Ehren des Gründers der Abtei. Das ganze Kloster war in heller Aufruhr; vor dem Kessel, aus dem der Rauch des siedenden Fettes aufstieg, standen die Nonnen, in der Hand einen Löffel mit einem Teigkloß darauf. Plötzlich entwich unter einer der Roben ein deutlich vernehmbarer Laut, der auch den Autor kurz erstarren lässt … Das Gesicht der Nonne verfärbte sich rot wie die Glut, ihre Hand begann zu zittern, und der Teigkloß fiel ins siedende Fett. Oh Wunder! Der Teig begann zu zischen, blähte sich auf, verfärbte sich golden. Welch wundersame Verwandlung! Und so nannte man dieses Gebäck schlicht „Nonnenfurz". Die Italiener nennen es etwas respektlos „Nonnenschenkel", während die Spanier schamhaft vom „Nonnenseufzer" sprechen.

Das Öl auf 130 °C erhitzen.

In einer Kasserolle die Milch aufkochen; die Butter, das Mehl, den Zucker und das Salz hinzufügen und kräftig verrühren, bis sich der Teigkloß vom Topfboden löst. Die Brandmasse von der Kochstelle nehmen, kurz abkühlen lassen und nacheinander die Eier einarbeiten. Nochmals auf die Kochstelle setzen und zu einem glatten Teig abbrennen. Das Orangenblütenwasser unterrühren.

Mit einem Löffel walnussgroße Teigkugeln ausstechen und in das Öl gleiten lassen. 2–3 Minuten ausbacken, auf Küchenkrepp abtropfen lassen und mit dem Puderzucker bestreuen. Die Nonnenfürze mit den Fingern in die Konfitüre eintauchen.

Waffelzange

Waffeln der Vergebung

- 200 ml Wasser
- 100 g Butter
- 5 g Zucker
- 5 g Salz
- 80 g Mehl
- 80 g Kastanienmehl
- 4 Eier
- 150 g Sahne
- 30 g Butterschmalz
- 20 g Puderzucker
- 100 g geschmolzene
  Schokolade

Wurden Waffeln in speziellen, als geweiht geltenden Eisen gebacken, so nannte man sie „Waffeln der Vergebung".

In einer Kasserolle das Wasser mit der Butter, dem Zucker und Salz zum Kochen bringen. Von der Kochstelle nehmen und unter kräftigem Schlagen die Mehle einarbeiten. Zurück auf die Kochstelle setzen und weiterrühren, bis sich ein dünner Film auf dem Topfboden bildet.

Den Teig von der Kochstelle nehmen und in ein anderes Gefäß umfüllen. Nacheinander die Eier einarbeiten, bis eine glatte, geschmeidige Masse entstanden ist. Die Sahne hinzugießen, sorgfältig unterrühren und 2 Stunden ruhen lassen. Das Waffeleisen vorheizen.

Das Waffeleisen mit dem Butterschmalz einfetten, eine Kelle Waffelteig einfüllen und sofort verschließen. Die fertigen Waffeln aus dem Eisen lösen, mit Puderzucker bestreuen und in jede zweite Wabe etwas Schokolade füllen.

Akazienblüten-Beignets

- l Liter Erdnussöl
- 200 g Akazienblüten
- Abgeriebene Schale
  von 1 unbehandelten
  grünen Zitrone
- 10 g Puderzucker

FÜR DEN AUSBACKTEIG
- 75 g Mehl
- 75 g Speisestärke
- ½ TL Trockenhefe
- 15 g Zucker
- 3 g Salz
- 10 ml Orangenblüten-
  wasser
- 30 ml Milch
- 2 Eiweiß

Beignets oder ausgebackene Küchlein gibt es seit dem 12. Jahrhundert. Sie wurden auf die verschiedensten Weisen zubereitet, mit Reis, Mandeln, Sauermilch, Salbei, Feigen, ja sogar mit Rindermark oder Hechtrogen.
Das „pain à chanter" (Brot zum Gesang) war das Messbrot; es wurde aus dem allerfeinsten Mehl gebacken.

Das Öl erhitzen.

Die Akazienblüten waschen und trockentupfen.

Das Mehl und die Speisestärke in eine Schüssel sieben, mit der Hefe, dem Zucker und Salz vermischen. Das Orangenblütenwasser und die Milch hinzugießen und verrühren. Die Masse an einem warmen Ort 30 Minuten gehen lassen. Die Eiweiße sehr steif schlagen und vorsichtig unter die Masse heben.

Die Akazienblüten in den Krapfenteig tauchen, in das heiße Öl gleiten lassen und goldgelb ausbacken. Auf Küchenkrepp abtröpfen lassen und mit der abgeriebenen Zitronenschale und dem Puderzucker bestreuen.

Gefüllte Makronen

Makronen begründen den guten Ruf des Klosters von Nancy.

- 135 g Puderzucker
- 75 g gemahlene Mandeln
- 65 g Eiweiß
- Brombeerkonfitüre

Den Ofen auf 170 °C vorheizen.

Den Puderzucker und die gemahlenen Mandeln in einer Schüssel vermischen.

Das Eiweiß steif schlagen und unter die Mandel-Zucker-Mischung ziehen.

2 Backbleche übereinander stapeln. Das doppelte Blech verhindert, dass die Makronen innen austrocknen.

Das Blech mit Backpapier auslegen. Mit einem Esslöffel jeweils 8 Teighäufchen darauf setzen und zu Kreisen von 6 cm Durchmesser verstreichen.

Die Makronen in den Ofen schieben, die Temperatur auf 150 °C herunterstellen und das Gebäck 13 Minuten backen. Aus dem Ofen nehmen und zum leichteren Ablösen der Makronen das Backpapier mit Wasser benetzen. Auf einem Kuchengitter auskühlen lassen.

Den Boden von der Hälfte der Makronen mit der Brombeerkonfitüre bestreichen und mit den restlichen Makronen zusammensetzen.

Hippengebäck

In Cluny waren Hippen, die im Französischen – wohl wegen ihrer Zartheit – auch „Oublies" (Flüchtigkeit, Vergessenheit) oder „Plaisir" (Freude, Vergnügen) genannt werden, das Festtagsgebäck schlechthin. Sie wurden aus einem feinen Mehl, vermischt mit Zucker, Eiern, manchmal auch mit Honig, zubereitet und waren so zart, dass sie im Lateinischen „nebulae" (Dunst, Nebel) genannt wurden.

- 250 g Mehl, gesiebt
- 150 g Puderzucker
- 2 Eier
- ¼ Liter Milch
- 70 g Butter, zerlassen
- Abgeriebene Schale von 1 unbehandelten Zitrone
- 50 ml Orangenblütenwasser
- 100 ml Olivenöl

Das Mehl mit dem Puderzucker und den Eiern vermischen, nach und nach die Milch hinzugießen und vollkommen glatt rühren; die zerlassene Butter, Zitronenschale und das Orangenblütenwasser unterrühren.

In einer beschichteten Pfanne einen halben Löffel Öl erhitzen, eine Kelle der Hippenmasse hineingeben und bei großer Hitze backen. Wenden und zu einem Hörnchen aufrollen oder flach lassen.

Diese Hippen sind eine Art Waffelgebäck ohne Hefe.

Wenn Sie den Zucker weglassen und stattdessen den Teig leicht salzen, sind sie auch ein vorzüglicher Begleiter zum Aperitif.

Die Mönche waren geschickte Imker. Ihr Zuckerbedarf war hoch, aber auch der an Bienenwachs, das zur Beleuchtung des Skriptoriums, Refektoriums, Dormitoriums und der Kirche diente.

Eier in Honigsirup

Diese Eier sind das Verdienst zweier portugiesischer Nonnen. Bei den „oves molos" handelt es sich um Eigelbe, die in Reiswasser gegart und anschließend in Zucker gewendet wurden.

- ❖ 300 ml Wasser
- ❖ 300 g Honig
- ❖ 25 g Szechuanpfefferkörner
- ❖ 4 Eigelb
- ❖ 20 g Johannisbrotkernmehl

In einer Kasserolle aus dem Wasser, Honig und Pfeffer einen Sirup zum kleinen Bruch kochen (135 °C). Warm stellen.

Die Eier aufschlagen, Eiweiße und Eigelbe trennen. Mit einer trockenen Schaumkelle die Eigelbe nacheinander behutsam in den heißen Sirup tauchen und von allen Seiten darin wenden. Kurz abtropfen lassen und auf ein mit Öl bestrichenes Backblech legen.

Die Eigelbe in Silberkelchen anrichten, mit dem noch warmen Sirup überziehen und mit dem Johannisbrotkernmehl bestreuen.

Refektoriumskuchen mit Kirschen

In Cluny erhielten die Mönche vom ersten Fastensonntag bis zum Ende der Fastenzeit ein zusätzliches Gebäck, das „Refektoriumskuchen" genannt wurde und ihnen die Zeit der Enthaltsamkeit und die langen Gottesdienste erleichtern sollte.

FÜR DEN KUCHEN

❖ 300 g Süßkirschen (Burlat)
❖ 400 g Puderzucker
❖ 350 g weiche Butter
❖ 4 Eier
❖ 250 g Mehl, gesiebt
❖ 5 g Trockenhefe

FÜR DIE KIRSCH-SAUCE

❖ 300 g Süßkirschen (Burlat)
❖ 60 g Zucker
❖ Saft von 1 Zitrone
❖ 30 g geklärte Butter
❖ 5 Kardamomsamen
❖ 50 ml Wasser

❖ 100 g Kirschkonfitüre zum Bestreichen

AM VORTAG:
Den Ofen auf 130 °C vorheizen.

Die Kirschen für den Kuchen entsteinen, die Stiele jedoch daran lassen. Die Kirschen mit 150 g Puderzucker vermischen, auf einem Backblech ausbreiten und 40 Minuten im Ofen dörren. Auskühlen lassen und über Nacht beiseite stellen.

AM NÄCHSTEN TAG:
Den Ofen auf 200 °C vorheizen.

In einer Schüssel die weiche Butter mit dem restlichen Puderzucker verrühren. Nacheinander die Eier untermischen, das durchgesiebte Mehl und die Trockenhefe einarbeiten.

Eine Kastenform ausbuttern und mit Mehl ausstreuen. Den Teig in einen Spritzbeutel mit Lochtülle Nr. 8 füllen und eine 1 cm dicke Schicht in die Form spritzen.

Die Hälfte der vorbereiteten Kirschen, Stiele nach oben, im Abstand von ½ cm einsetzen und mit einer weiteren 1cm dicken Teigschicht bedecken. Die restlichen Kirschen auf die gleiche Weise einschichten und mit einer Teigschicht abschließen.

Den Kirschkuchen im Ofen etwa 45 Minuten backen. Mit einer Kuchennadel den Gargrad prüfen.

Den Kuchen auf ein Kuchengitter stürzen und auskühlen lassen.

KIRSCHSAUCE:
200 g der Kirschen entstielen und entsteinen. Im Entsafter entsaften. Den Saft mit dem Zucker aufkochen und mit dem Zitronensaft abschmecken. Beiseite stellen.

Die verbliebenen 100 g Kirschen entstielen und entsteinen. In einer Pfanne die geklärte Butter zerlassen und die Kirschen mit den Kardamomsamen darin sautieren. Mit dem Wasser ablöschen.

Auf jeden Teller eine 1 cm dicke Scheibe Kuchen legen; mit der Kirschkonfitüre bestreichen, mit jeweils 9 heißen Kirschen garnieren und mit der warmen Kirschsauce umgießen. Dazu passt eine Granita aus Kirschlikör.

Veilchen-Apfel-Kompott

In den Schriften über die Bräuche und Regeln des Klosters Sankt Gallen aus dem 10. Jahrhundert wird auch die Segnung von Obstkompotten erwähnt; darunter Kompotte aus „mûres blanches ou jaunes" (mûre: kann im Französischen Brombeere wie auch Maulbeere heißen). Ob es sich dabei um im Garten kultivierte Waldbrombeeren oder Waldhimbeeren handelte, deren Früchte mal weiß, mal goldgelb ausfielen, oder um weiße Maulbeeren, wissen wir nicht. Allerdings sind weiße Maulbeeren wenig aromatisch und süß, sie schmecken eher fade. Das wird den Mönchen sicher nicht entgangen sein!

❖ 350 g Veilchenblüten
❖ 250 g Äpfel
❖ 500 g Zucker

Die Veilchenblüten in einem Mörser zerstoßen.

Die Äpfel schälen, vom Kerngehäuse befreien und in Stücke schneiden.

In einer Kupfer- oder Edelstahlkasserolle den Zucker zum kleinen Bruch kochen (135 °C).

In einer Sauteuse die Äpfel mit 50 ml Wasser weich dünsten. Die Flüssigkeit verdampfen lassen, die Veilchenblüten und den Zuckersirup hinzufügen und kurz aufkochen lassen. In eine Kompottschüssel umfüllen.

Hauchzarte Orangenplätzchen

Im 13. Jahrhundert verkaufte man an bedeutenden Feiertagen in den französischen Kirchen „nieules", ein hauchzartes Kleingebäck, das mit Zucker bestreut und mit religiösen Symbolen versehen wurde. Es wurde in Öl oder über Weinreisigglut gebacken. Schriften aus jener Zeit berichten, dass zum Pfingstgottesdienst just im Moment des „Gloria in excelsis" brennende Zweige vom Kirchengewölbe herabgelassen wurden; und man ließ Vögel fliegen, an deren Klauen ebendieses Gebäck befestigt war.

❖ 250 g Zucker
❖ 65 g Mehl
❖ 100 ml Orangensaft
❖ Abgeriebene Schale von ½ unbehandelten Orange
❖ 140 g Butter
❖ 125 g Sesamsamen

Den Ofen auf 180 °C vorheizen.

Den Zucker, das Mehl, Orangensaft und -schale vermengen. Die Butter zerlassen, die Molke abschöpfen (ergibt 125 g geklärte Butter), die Sesamsamen einrühren.

Beide Mischungen zu einem dünnen Teig verrühren.

Den Teig esslöffelweise auf ein mit Öl bestrichenes Backblech setzen und mit einem Palettmesser zu hauchdünnen, etwa 6 cm großen Kreisen verstreichen. Die Orangenplätzchen 4–5 Minuten im Ofen goldgelb backen. Vom Blech lösen und auf einem Teller auskühlen lassen.

Man kann die Sesamsamen durch beliebige andere Samen ersetzen.

Birnen waren ein beliebtes Obst, das zum Konservieren häufig gedörrt wurde.

Marzipan

Marzipan war die Lieblingsleckerei des heiligen Franz von Assisi (1182–1226). Es wurde damals „tartara" genannt und wie heute noch aus Mandeln und Zucker gefertigt. Die Legende erzählt, dass der heilige Franziskus noch auf seinem Sterbebett nach einem „tartara" verlangte, doch war er bereits zu schwach, um es noch zu kosten. So forderte er die Brüder, die sich um ihn versammelt hatten, auf, das Marzipan untereinander zu teilen. Die Tugend des Gehorsams wird ihnen dabei sicher nicht viel abverlangt haben … In Frankreich wurde das Marzipan erst im 15. Jahrhundert bekannt.

- ❖ 125 g geschälte Mandeln
- ❖ 125 g geschälte Haselnusskerne
- ❖ 450 g Zucker
- ❖ 5 Eiweiß
- ❖ 50 g Honig
- ❖ 10 g Butter
- ❖ 10 g Mehl

Den Ofen auf 150 °C vorheizen.

Die Mandeln und Haselnusskerne in der Küchenmaschine sehr fein mahlen. In eine Schüssel füllen und mit dem Zucker, den Eiweißen und dem Honig vermengen. Alles zu einer homogenen Masse verarbeiten (das Eiweiß schaumig, aber nicht steif schlagen).

Ein Backblech sowie einige Ausstechringe von 4 – 5 cm Durchmesser und 3 cm Höhe mit Butter einstreichen und mit Mehl bestreuen. Die Ringe auf das Blech setzen, mit der Marzipanmasse füllen und im Ofen 25 Minuten backen.

Abkühlen lassen. Die Kruste des Marzipans wird dabei leicht rissig. Aus den Ringen lösen und mit Veilchen-Apfel-Kompott (Seite 164) servieren.

Gequollener Weizen, Zucker, geriebene Schokolade, eingelegte Früchte, Zimt, doch vor allem die Blumenverzierungen aus kandierten Früchten dieser damals „collive" genannten Süßspeise erinnern uns an den Christmas Pudding. Die „collive" gab es immer am ersten Fastsamstag, am Tag vor Pfingsten und wenn ein Abt starb.

Der Weizen in dem Pudding ist Symbol für den Kreislauf des Lebens, denn wird er im Herbst auch in der Erde „begraben", so erwacht er im Frühling zu neuem Leben, um aufs Neue sein Korn zu spenden.

Der Christmas Pudding wird heute vor allem wegen seiner traditionellen Bedeutung geschätzt.

Collive

Bereits zwei Tage vor der Zubereitung dieser Süßspeise weichen die Schwestern den Weizen zum Quellen in Wasser ein.

Nach Ablauf der zwei Tage kochen sie ihn 2 Stunden und mehr in reichlich Wasser. Sobald die Körner aufzuplatzen beginnen, unterbrechen sie das Garen mit kaltem Wasser. Ist der Weizen fast ausgekühlt, füllen sie ihn in ein großes Glasgefäß und fügen ihm viel Zucker (nach Geschmack), ein wenig geriebene Schokolade und eingelegte Früchte zu.

Man kann nach Belieben auch eine kleine Prise gemahlenen Zimt dazugeben. Nachdem man alles das gut vermengt hat, pflegen die Schwestern die „collive" mit Blumen aus kandierten Früchten zu verzieren.

Derart geschmückt, wird der Weizen in die Kirche gebracht, wo er während der Vesper geweiht wird (Rezept aus dem Kloster Grottaferrata).

Christmas Pudding

❖ 150 g Korinthen
❖ 180 g Rosinen
❖ 120 g vanillierter Zucker
❖ 50 g Orangeat, gewürfelt
❖ 50 g Zitronat, gewürfelt
❖ 50 g Mandeln, gehackt
❖ 110 g Butter (als Ersatz für Nierentalg)
❖ 110 g Kuchenbrösel (von einem Hefezopf)
❖ 3 Eier
❖ 5 cl brauner Rum
❖ Schaum von einem Bier
❖ 50 ml Erdnussöl
❖ 150 ml Sahne
❖ 30 g kandierte Mimosenblüten

Die Korinthen und Rosinen 1 Stunde in kaltem Wasser einweichen. Abtropfen lassen und trockentupfen.

In einer Schüssel den Zucker, das Orangeat und Zitronat, die gehackten Mandeln, Rosinen und Korinthen vermengen. Die Butter, die Kuchenbrösel, die Eier und den Rum untermischen und alles sorgfältig zu einer festen Masse verarbeiten. Den Bierschaum unterheben, der Teig wird dadurch lockerer.

Eine Charlottenform mit dem Öl ausstreichen; den Teig einfüllen, glatt streichen und mit Pergamentpapier bedecken. Die Form in ein Küchentuch einschlagen und an der Oberseite der Form verknoten.

Eine hochwandige Kasserolle mit einem Einsatz versehen, zur Hälfte mit Wasser füllen und dieses zum Kochen bringen. Den Pudding einsetzen; die Form soll zu ¾ im Wasser stehen. 4 Stunden köcheln lassen; das verkochte Wasser von Zeit zu Zeit ergänzen. Den fertigen Pudding auskühlen lassen.

Den Pudding stürzen und in feine Scheiben schneiden. Die Sahne steif schlagen, die kandierten Mimosenblüten unterheben und separat servieren. Dazu passt ein Gläschen alter Rum. Sie können den Pudding auch mit dem Rum flambieren.

Der Christmas Pudding ist ursprünglich ein englischer Pudding, der traditionell zu Weihnachten gereicht wird. Er hält sich sehr lange, und wenn man ihn, wie es Tradition ist, mit dem Talg von Rindernieren statt mit Butter zubereitet, wird er mit der Zeit immer besser.

Gezuckerte Früchte und Blüten

Die Karmeliter dekorierten ihre Krapfen mit den Blütenblättern von Rosen und bestreuten sie zusätzlich mit feinen Goldblättchen.

❖ Blüten von Duftrosen,
   Kapuzinerkresse,
   Veilchen, Akazien
❖ Rote und schwarze
   Johannisbeeren, Wein-
   trauben, Kirschen ...
❖ 10 Eiweiß
❖ Kristallzucker

Die Blüten und/oder Früchte waschen.

Die Eiweiße in einem tiefen Teller verrühren; in einem weiteren Teller den Zucker verteilen.

Die Blüten und/oder Früchte in das Eiweiß tauchen, überschüssiges Eiweiß gut abtropfen lassen. Behutsam in dem Zucker wenden, sodass nur eine feine Schicht haften bleibt. Die gezuckerten Früchte und Blüten auf eine Platte legen und einige Stunden trocknen lassen.

Gezuckerte Veilchen und Rosenblätter setzen ihren Duft um in einen intensiven Geschmack. Damit lassen sich Süßspeisen und Gebäcke nicht nur attraktiv dekorieren, sondern auch im Aroma ergänzen oder abrunden.

Johannisbeerpaste

Fruchtpasten und -muse gehören zu den trockenen und festen Aufstrichen und werden ausschließlich auf Zuckerbasis zubereitet.

❖ 2 kg Johannisbeeren
❖ 100 ml Wasser
❖ Kristallzucker
❖ 100 g Zucker zum
   Wenden

Den Ofen auf 70 °C vorheizen.

Die Früchte mit dem Wasser in einen Einmachtopf füllen, kurz aufkochen und zusammenfallen lassen.

Den Fruchtbrei in ein feinmaschiges Sieb füllen und sanft auspressen, den Saft in einer Schüssel auffangen. Den Fruchtsaft auf die Hälfte einkochen und abwiegen.

In einer Kupferkasserolle die gleiche Menge Zucker zum kleinen Bruch kochen (135 °C), den ausgepressten Saft hinzugießen und zum Kochen bringen. Von der Kochstelle nehmen. Die Masse in ein tiefes Blech umschütten und zu einer 2 cm dicken Schicht ausbreiten. Im Ofen 2–3 Stunden trocknen lassen.

Die Johannisbeerpaste in der gewünschten Form und Größe zu „Bonbons" zerschneiden und in dem Zucker wenden, er soll die Stücke vollständig bedecken.

Um diese „Bonbons" zu verschenken, setzt man sie in Pralinen-Papierkapseln oder wickelt sie einzeln in Klarsichtfolie und verschließt diese durch seitliches Zudrehen, die Enden werden mit farbigen Bändchen zugebunden. Ein klösterliches Präsent für alle Süßschnäbel!

Birnen waren ein
beliebtes Obst, das
zum Konservieren
häufig gedörrt
wurde.

Marzipan

Marzipan war die Lieblingsleckerei des heiligen Franz von Assisi (1182–1226). Es wurde damals „tartara" genannt und wie heute noch aus Mandeln und Zucker gefertigt. Die Legende erzählt, dass der heilige Franziskus noch auf seinem Sterbebett nach einem „tartara" verlangte, doch war er bereits zu schwach, um es noch zu kosten. So forderte er die Brüder, die sich um ihn versammelt hatten, auf, das Marzipan untereinander zu teilen. Die Tugend des Gehorsams wird ihnen dabei sicher nicht viel abverlangt haben … In Frankreich wurde das Marzipan erst im 15. Jahrhundert bekannt.

❖ 125 g geschälte
   Mandeln
❖ 125 g geschälte
   Haselnusskerne
❖ 450 g Zucker
❖ 5 Eiweiß
❖ 50 g Honig
❖ 10 g Butter
❖ 10 g Mehl

Den Ofen auf 150 °C vorheizen.

Die Mandeln und Haselnusskerne in der Küchenmaschine sehr fein mahlen. In eine Schüssel füllen und mit dem Zucker, den Eiweißen und dem Honig vermengen. Alles zu einer homogenen Masse verarbeiten (das Eiweiß schaumig, aber nicht steif schlagen).

Ein Backblech sowie einige Ausstechringe von 4–5 cm Durchmesser und 3 cm Höhe mit Butter einstreichen und mit Mehl bestreuen. Die Ringe auf das Blech setzen, mit der Marzipanmasse füllen und im Ofen 25 Minuten backen.

Abkühlen lassen. Die Kruste des Marzipans wird dabei leicht rissig. Aus den Ringen lösen und mit Veilchen-Apfel-Kompott (Seite 164) servieren.

„Kirchendiener"

Bereits vor der Reformkongregation der Feuillanten wurde ein „gâteau en feuilles" (Blätterteiggebäck) erwähnt, und zwar in der Charta des Robert de Bouillon, Bischof von Reims, im Jahre 1311. Die Erfindung der „pâte feuilletée" (Blätterteig) wird Claude Gellée, genannt der Lothringer (1600–1682), zugesprochen, damals ein berühmter Maler und im ersten Beruf Konditor. Doch bereits die Ordensregel von Cluny lehrt uns, dass Blätterteig jeden Sonntag auf den Tisch kam, dass er heiß sein musste und mit einem Messer serviert wurde, um etwaige verbrannte Stellen abzukratzen.

❖ 400 g Blätterteig
❖ 2 Eigelb zum Bestreichen
❖ 200 g Kürbiskerne, gehackt (oder Sesamsamen)
❖ 80 g feiner Kandiszucker

Den Ofen auf 180 °C vorheizen.

Den Teig 3 mm dick ausrollen. In Streifen von 15 cm Länge und 5 cm Breite schneiden; die Oberseite mit der Hälfte des verschlagenen Eigelbs bestreichen.

Die gehackten Kürbiskerne mit dem Kandiszucker vermengen und auf die Teigstreifen streuen. Die Streifen wenden, mit dem restlichen Eigelb bestreichen und auch die andere Seite mit der Kürbiskern-Zucker-Mischung bestreuen. Die Teigstreifen an beiden Enden greifen und zu „Korkenziehern" drehen.

Im Ofen 20 Minuten backen und warm servieren.

Crêpe soufflée mit Zitrone

In den Ordensregeln findet man je nach Region die Bezeichnung „frigodolae" oder „decrispelae", wohinter sich nichts anderes verbarg als Crêpes.

FÜR DIE KONDITORCREME
❖ 60 g Mehl
❖ 40 g Zucker
❖ 3 Eier
❖ 250 ml Milch
❖ 15 g Butter

❖ 50 g Mürbteig
❖ 4 Eiweiß
❖ 125 g Zucker
❖ Abgeriebene Schale von 2 unbehandelten Zitronen

KONDITORCREME:
Das Mehl, den Zucker und die Eier vermengen; unter Schlagen die lauwarme Milch hinzugießen. Auf die Kochstelle setzen und stetig weiterschlagen. Kurz vor dem Sieden von der Kochstelle nehmen und die Butter unterziehen.

Den Ofen auf 180 °C vorheizen.

Den Teig zu einem Kreis von 20 cm Durchmesser ausrollen und auf ein Backblech legen.

Die Eiweiße steif schlagen. Den Zucker zum großen Ballen kochen (121 °C). Den Zuckersirup in einem feinen Strahl in den Eischnee einlaufen lassen und vorsichtig unterziehen. 80 g von der Konditorcreme abnehmen, die warme Baisermasse und die abgeriebene Zitronenschale unterziehen.

Einen Tortenring von der Größe des Teigkreises um den Teig stellen und die Masse einfüllen. Im Ofen 10–12 Minuten backen. Den Ring abnehmen und die Crêpe soufflée servieren.

Pfefferkuchen

- 400 g Akazienhonig
- 625 g Mehl
- 210 g Zucker
- Abgeriebene Schale von ¼ unbehandelten Zitrone
- 1 Prise gemahlene Muskatnuss
- 1 Prise gemahlener Zimt
- 10 g Anis de Flavigny (kleine französische Anispastillen), zermahlen
- 1 Eigelb
- 1 g Hirschhornsalz
- 50 ml Öl
- 10 g Mehl zum Bestreuen des Backblechs

FÜR DIE GLASUR
- 4 Eiweiß
- 150 g Zucker

Die Ursulinernonnen in Quebec waren angeblich die Ersten, die Pfefferkuchen, auch „Nonnenbrötchen" genannt, zubereiteten. Doch der verwandte Gewürzkuchen war zu jener Zeit schon lange bekannt. Seine Urheberschaft geht auf die Chinesen zurück, die bereits im 10. Jahrhundert aus Mehl, Honig und allerlei Gewürzen das so genannte „mi-king" herstellten. In Frankreich wurde diese Gebäckart erstmals im 14. Jahrhundert als Lieblingsleckerei der Margarete von Flandern, Ehefrau von Philipp II., dem Kühnen, erwähnt. Später entdeckte es auch sein Enkel, Philipp III., der Gute, und nahm es mit in seine „gute" Heimatstadt Dijon, wo es noch heute zu ihren Spezialitäten zählt. In Straßburg ersetzte das Gewürzbrot im 14. Jahrhundert während der Fastenzeit das herkömmliche Brot.

Den Ofen auf 160 °C vorheizen.

In einer Kasserolle den Honig erwärmen.

Das Mehl auf die Arbeitsfläche sieben und in die Mitte eine große Mulde drücken. Den Zucker, die Zitronenschale, Muskatnuss, Zimt, Anis und den warmen Honig in die Mulde geben und miteinander vermengen. Das Eigelb und das Hirschhornsalz in die Mischung in der Mehlmulde einarbeiten. Sämtliche Zutaten mit dem Mehl zu einem festen Teig verarbeiten und an einem kühlen Ort 2 Tage gären lassen.

Den Teig 2 cm dick ausrollen. Mit einem Teigausstecher Kreise von 5 cm Durchmesser ausstechen. Die Teigkreise in Ausstechringen der gleichen Größe auf ein mit Öl bestrichenes und mit Mehl bestreutes Blech setzen. Im Ofen 25 – 30 Minuten backen, dann die Temperatur auf 80 °C herunterstellen.

Für die Glasur die Eiweiße mit dem Zucker verschlagen. Die Pfefferkuchen aus dem Ofen nehmen, mit einem Pinsel mit der Zuckerglasur bestreichen und im Ofen 15 Minuten trocken werden lassen.

Sie können die Glasur auch mit Lebensmittelfarbe ein wenig einfärben.

Weiche Karamellbonbons

Ein arabisches Kochbuch aus dem Jahre 1226 enthält das erste Rezept für Karamellbonbons. Dragees auf der Basis von Zucker und Gewürzen oder Nüssen (Anis, Süßholz, Koriander, Ingwer, Pinienkerne, Pistazien, Mandeln oder Pfeffer) wurden „épices de chambre" (frei übersetzt „Stubengewürze") genannt; jene mit Pfeffer wurden an die Brüder verteilt, denn der Pfeffer war der Keuschheit förderlich.

- Saft von 1 Zitrone
- 125 g Zucker
- 175 g Sahne
- 40 g Glukosesirup
- 15 g Butter

In einer Kasserolle mit dickem Boden den Zitronensaft erhitzen, die Kasserolle ausschwenken, um etwaige Unreinheiten zu entfernen. Den Zitronensaft weggießen.

Den Zucker, die Sahne und den Glukosesirup auf mittlerer Stufe auf 107 °C erhitzen, 10 g der Butter hinzufügen und weiter auf 119 °C erhitzen.

Eine quadratische Form mit der restlichen Butter einfetten. Den Karamell 2½ cm hoch einfüllen. 2 Stunden auskühlen lassen.

Den Karamell in kleine Würfel schneiden und in Zellophanpapier einwickeln.

Anisplätzchen

„Anis de Flavigny" sind kleine, runde Pastillen, bei denen Anissamen mit einer Zucker-schicht umhüllt werden. In der Medizin gehörte Anis neben Fenchel, Kreuzkümmel und Kümmel zu den vier wichtigsten Gewürzen.

Die Geschichte der „Anis de Flavigny" ist etwas umstritten. Die Societé de Science in Semur behauptet, ihre Erfindung sei das Verdienst der Ursulinerinnen, die sich 1632 in Flavigny niederließen. Doch in einer anderen Version werden sie schon viel früher erwähnt. Als Papst Johannes VIII. 878 auf dem Weg zum Konzil von Troyes war, machte er auch in Marmagne nahe Montbard Station, wo der Bischof von Langres ihm ein angemessenes Quartier bereitstellte. Schließlich kam er auch in Flavigny vorbei, wo das Kloster einen befestigten Gipfel beherrschte (die Krypta ist noch heute zu besichtigen). Der arme Papst: Nachdem man seinem Gefolge bereits in Châlon die Pferde entwendet hatte, stahl man ihm in Flavigny auch noch die Silberschale des heiligen Petrus. Als Revanche soll er sofort wieder abgereist sein, allerdings nicht, ohne drei livres besagter „Anis de Flavigny" mit-zunehmen.

Wer hat sie nun wirklich erfunden? Das ist schwer zu sagen, doch ihre Herkunft ist in jedem Fall klösterlich.

❖ 250 g Mehl
❖ 250 g Zucker
❖ 250 g weiche Butter
❖ Abgeriebene Schale von 1 unbehandelten Zitrone
❖ 120 ml Sahne
❖ 1–2 Eigelb zum Bestreichen

FÜR JEDES BLECH
❖ 20 g Butter
❖ 5 Pastillen Anis de Flavigny
❖ 30 g Johannisbeer-gelee
❖ 8 Minzeblättchen

Den Ofen auf 180 °C vorheizen.

Das Mehl auf die Arbeitsfläche häufen und in die Mitte eine Mulde drücken. Den Zucker, die Butter in kleinen Stückchen, die Zitronenschale und ⅔ der Sahne in die Mulde geben und alle Zutaten von innen nach außen zu einem glatten Teig verarbeiten. Ist der Teig zu fest, noch etwas Sahne einarbeiten. Den Teig mit den Handflächen gut durchwirken, damit er geschmeidig wird. 2 Stunden ruhen lassen.

Den Teig ausrollen. Für jedes Blech 8 Kreise mit 6 cm Durchmesser ausstechen. Das Back-blech mit der Butter einfetten, die ausgestochenen Teigkreise darauf legen.

Mit einem 4 cm großen Ausstechring das Innere von 4 Kreisen ausstechen, sodass Ringe entstehen. Die Teigkreise und -ringe mit dem verschlagenen Eigelb bestreichen. Die Teigränder mit einer Gabel verzieren. Im Ofen 8–10 Minuten backen.

Aus dem Ofen nehmen und je einen Ring auf ein Plätzchen setzen.

Eine Anispastille zerdrücken. Das Gelee erwärmen, die Pastillensplitter unterrühren und durchziehen lassen. Die Mitte der Plätzchen mit dem Gelee füllen und mit 1 Anispastille und 2 Minzeblättchen dekorieren.

Nach Belieben können die gebackenen Teigringe vor dem Zusammensetzen mit Puderzucker besiebt werden.

etränke

Dem heiligen Vinzenz (von Saragossa),
Schutzpatron der Winzer

Die Trauben wurden direkt im Gärbottich gepresst, Miniatur aus dem 15. Jahrhundert.

„Trinken wie ein Kapuziner heißt sich bescheiden; Trinken wie ein Zölestiner heißt keinen Durst erleiden; Trinken wie ein Jakobiner heißt Schoppen auf Schoppen; Doch trinken wie ein Franziskaner legt jeden Keller trocken."

Soweit als Einführung eine volkstümliche Redensart, vielsagend, mit satirischem Unterton und typisch für die mittelalterliche Literatur, die den ironischen Schalk liebte und unzählige spöttische Redensarten hervorgebracht hat: „Fett wie ein Mönch, trinken wie ein Templer, bechern wie ein Malteser, bezecht wie ein Franziskaner." Erinnern wir uns, dass Rabelais sein monastisches Leben im Franziskanerkloster Fontenay-le-Comte begann und neben anderen Mitteln gegen den Durst auch das folgende Rezept verordnete: „Trinken, bevor der Durst sich einstellt, und er wird euch nie ereilen", eine Empfehlung von entwaffnender Weisheit! Vorbeugen ist besser als heilen!

Die Weinvorschriften

Hinter den vermeintlichen alkoholischen Ausschweifungen der Mönche verbirgt sich summa summarum nicht mehr und nicht weniger als ihre natürliche Neigung, Trost und Kraft in einem Getränk mit euphorisierender Wirkung zu suchen. Haupttrostspender war der Wein, der „mit Maß" getrunken werden sollte und dessen Zuteilung daher durch Vorschriften geregelt war: „Verboten, ihn bis zur Trunkenheit zu genießen, auch bis zur Sättigung, aber zu trinken zur Genüge."

Der heilige Benedikt von Nursia gestand seinen Mönchen toleranterweise eine *hemina* Wein pro Tag zu. Eine *hemina* schwankte zu Zeiten der Römer zwischen einem viertel und einem halben Liter. Benedikt schrieb: „Der Wein passt nicht zu den Mönchen, aber da sie heutzutage nicht davon zu überzeugen sind, sollten wir ihnen eingedenk der menschlichen Schwächen täglich eine *hemina* Wein zugestehen." Und er fügte hinzu: „Es ist besser, Wein in Maßen als Wasser in Massen zu trinken." Benedikt von Aniane gestattete seinen Religiosen den Genuss des Weines ohne Umschweife.

Ursprünglich wurde der Wein in französischen Klöstern in einem „justice" (Justiz, Gerechtigkeit) genannten Gefäß serviert. Es enthielt jeweils die Ration für zwei Mönche. Die „justice" wurde später aus hygienischen Gründen durch einen eigenen Becher für jeden Mönch ersetzt. Die tägliche Ration war je nach Stellung der Brüder in der klösterlichen Hierarchie unterschiedlich. In Cluny erhielt zum Beispiel der Prior zwei „justes" (Gerechte, Angemessene), der Großprior Wein nach Belieben und die Novizen jeweils einen Becher. An bestimmten Feiertagen, wie beispielsweise an Karfreitag, gab es eine zusätzliche Ration, die einem Drittel des üblichen Tagesquantums entsprach und „charité" (Barmherzigkeit, Wohltätigkeit) hieß.

„Wer guten Wein trinkt, der sieht Gott"

Im Allgemeinen wurde der Wein „mouillé" (befeuchtet) oder auch „baptisé" (getauft), also mit Wasser verdünnt serviert. Dabei variierte das Mengenverhältnis je nach Weinvorrat, Maßgabe des Abtes, Strenge der Ordensregel und Vorschrift des Kellermeisters. „Im Winter wird der Wein mit heißem Wasser temperiert." Dieser Brauch erregte den Protest zahlreicher Mönche gegen eine allzu üppige „Taufe", und die Ausnahmen erfreuten sich steigender Beliebtheit. In Cluny gab es an den fünf Hauptfeiertagen sowie während der gesamten Generalkapitel guten Wein, „kräftig, rein und ohne Wasser". Der heilige Bernhard schrieb zu diesem Thema: „Im Laufe eines einzigen Mahles werden die noch halb vollen Weinbecher drei- bis viermal gewechselt. Man schnupperte eher das Bouquet, als den Inhalt zu kosten, und statt zu trinken, benetzte man sich die Lippen, um schließlich kenntnisreich und urteilsschnell das Edelste der Gewächse auszuwählen." Wie konnten da die kluniazensischen Mönche, distinguierte Weinkenner, die sie waren, die „Weintaufe" als etwas anderes als ein Sakrileg ansehen?

In Mont-Saint-Michel musste der Kellermeister den Brüdern reinen Wein bereitstellen, der ihnen helfen sollte, „der Strenge des Klimas und der Unwirtlichkeit des Ortes zu widerstehen". In Fleury füllte der Refektoriar im 10. Jahrhundert reinen, gewürzten oder mit Kräutern, Ysop oder Honig aromatisierten Wein in die Schalen der Mönche, während es in Corbie an gewöhnlichen Feiertagen mit Brombeeren parfümierten Wein gab. In Le Mans wurde der Wein anlässlich der von Bischof Aldric gegebenen Feierlichkeiten am 21. Juni mit Schalotten aromatisiert, am 9. November mit Salbei, am 21. Dezember mit Fenchel und am 22. Dezember mit Minze. Diese aromatisierten Weine wurden „hypocras" genannt und den Mönchen an bestimmten Feiertagen serviert. In Saint-Germain-des-Prés und in Dunstan empfahl die Ordensregel, dass „die Konvente über *caritatem boni vini* verfügen sollten, um ihre Gäste angemessen zu bewirten", was uns zu der Bemerkung führt, dass praktisch jedes Kloster seinen „Keller der Barmherzigkeit" hatte, in dem, versteht sich, ausschließlich gute Tropfen lagerten. Das ist kaum überraschend, denn „wer guten Wein trinkt, der sieht Gott …"

Die Tasse des heiligen Bernhard, 14. Jahrhundert. Die tägliche Ration Wein betrug im Mittelalter etwa einen Viertelliter.

Die Bedeutung des Weinbaus

Als die Römer 118 v. Chr. die gallische Provinz Narbonensis errichteten (sie fiel im Jahre 1507 an die französische Krone), war der Weinbau bereits verbreitet. Weiter im Norden ernteten und vinifizierten die Bewohner des „freien" Galliens den wild wachsenden Wein. Sie erfanden auch das Weinfass. Bereits im 2. Jahrhundert florierte der Weinbau in einer Region, die allerdings erst im 5. Jahrhundert ihren heutigen Namen erhalten sollte: das Burgund.

Ab dem Jahr 312 gaben die Bankette des Kaisers Konstantin dem Weinbau in Beaune und Nuits-Saint-George zunehmend offiziellen Charakter, und im 6. Jahrhundert bekannte Gregor von Tours: „Die Bewohner von Dijon ziehen die Weine des Burgund denen aus Ascalon vor" (Ascalon: ehemaliges römisches Protektorat an der Südküste des heutigen Israel; heute: Ashqelon).

Die Abtei Saint-Bénigne in Dijon erhielt im Jahr 587 von Gontran, Herzog von Burgund, ein Gebiet, von dem bereits ein Teil mit Reben bestockt war. Corbie bekam im 6. Jahrhundert von Chlothar II. sämtliche Ländereien und Rebflächen des Kantons. Im 8. Jahrhundert fanden die Rebstöcke der Abtei Jumièges nahe Rouen bei ihrem Gründer, dem heiligen Philbert, lobende Erwähnung. Das 1098 gegründete Kloster Cîteaux erhielt seine Schenkung von Eudes I. Borel (1079–1102), Herzog von Burgund. Bis zur Revolution vergrößerte sich die Anbaufläche auf zehntausend Hektar.

Im 10. Jahrhundert besaß jedes Kloster seine eigenen Rebflächen, sei es auch nur, um den Bedarf an Messwein zu decken. Dabei vollzog sich die Entwicklung des Weinbaus im gleichen Schritt wie die Verbreitung der Klöster selbst, die zahlreiche Ländereien als Schenkungen erhielten. Die den Abteien angegliederten Ländereien waren Eigentum der Kommunität und blieben daher von der unwirtschaftlichen Zerstückelung verschont. So konnten sich mit der Zeit große, zusammenhängende Weinbaugebiete entwickeln, denen die Mönche ihr ganzes Wissen und ihren ganzen Forscherdrang widmeten, um schließlich die ersten Kellermeister hervorzubringen.

Weinfest, Miniatur aus dem 16. Jahrhundert. Wie bereits Rabelais empfahl: „Trinken, bevor der Durst sich einstellt, und er wird euch nie ereilen."

Ihnen verdanken wir große Namen wie Clos-de-Vougeot, Chablis, Beaune, Vosne-Romanée, Aloxe, Pommard, Volnay, Meursault, Chassagne, Château-Chalon, Domaine du Pape Clément; Vins d'Anjou, Touraine, Vézelay, wo sich während des dritten Kreuzzuges um 1190 folgendes Bild bot: „Auf den klösterlichen Hügeln, umringt vom üppigen Grün der Rebstöcke, liegt die Festung der Stadt Vézelay, deren Hänge mit ihrem Charme und dem Reichtum ihres Rebensaftes, der das Herz erfreut, zum Erklimmen einladen." Mit neuen Rebstöcken bepflanzt, strahlt der „ewige Hügel" auch heute noch den gleichen Charme aus.

Wenngleich die obige Liste unvollständig ist, so gibt sie doch einen Eindruck von der Bedeutung, die der Weinbau für die Klöster hatte. Wein war für sie eine nicht zu unterschätzende Einnahmequelle; der Handel mit Wein florierte, und die Klöster genossen Steuerfreiheit. Derart bevorzugt, wickelten sie den Vertrieb schon bald in eigener Regie ab. Die Seine und ihre Nebenflüsse Garonne und Dordogne befanden sich in den Händen von Klöstern, und man berichtete: „An den Ufern der Loire wachsen nur edle Reben, die die bedürftigen, aber feinsinnigen Mönche pflanzen wie Reihen zum Gebet."

Der erste bekannte Verkaufsort war Saint-Bénigne in Dijon, wo der Wein ab dem 9. Jahrhundert für dreizehn *deniers* (alte französische Münze), „verjus" (saurer Traubensaft) und Essig für zwölf *deniers* verkauft wurden. Der regionale Absatz erfuhr schon bald eine gewisse Belebung und wurde in der Folge Gegenstand offizieller Regelungen. Im Jahr 1164 erteilte Wilhelm IV. dem Prior das Recht, einen amtlichen Weinausrufer zu bestimmen, der durch die Straßen zog, um die Ankunft des geschätzten Getränkes zu verkünden. So ertönte in den Straßen von Decize zwischen den Rufen der Handelsschreier des Grafen und der Lehnsherren auch die Stimme des „Ausrufers des gesegneten Kellersaftes" und verkündete: „Salbeiwein, honigsüßer Wein, gewürzt oder vergoren, Rosmarintrunk …", ein komplizenhaftes Augenzwinkern an den heiligen Vinzenz, der noch heute unsere Dörfer mit Leben erfüllt.

Wichtiger war allerdings eine schnelle Kommerzialisierung des Weinhandels, denn das Produkt hielt sich nicht lange, und am Ende eines Jahres war der Wein bereits mehr oder weniger sauer. Um die Säure ein wenig zu kaschieren, setzte man dem Wein Gewürze und wohlriechende Kräuter zu. So entstand ein kräftigendes Tonikum, das dem heutigen Wermut ähnelt.

Ein ganz besonderer Genuss: Champagner

Die edlen Rebstöcke sollten die
Erwartungen der Brüder nicht
enttäuschen. Wein wurde täglich
getrunken, doch diente er auch
zum Feiern der Messe. Ausschnitt
aus den *Szenen aus dem Leben
des Johannes des Täufers*, 15. Jahrhundert.

Im 7. Jahrhundert war in der Champagne der sowohl fürstliche, kirchliche als auch klösterliche Weinbau bereits eine feste Größe. Schon im 5. Jahrhundert hinterließ der Erzbischof von Reims in seinem „Testament des heiligen Rémi" genannten Vermächtnis dem Klerus den von ihm bewirtschafteten Weinberg. Schnell fanden die Gewächse den Beifall der Religiosen, und Pardule, Bischof von Laon, pries den Champagner aus Épernay und empfahl Hincmar (806–882), Erzbischof von Reims, eindringlich, davon zu trinken.

Im Jahr 662 wurde am Nordhang der Marne auf der Höhe von Épernay das Benediktinerkloster Hautvillers errichtet, jener Ort, an dem sechs Jahrhunderte später der berühmte Kellermeister des Klosters, Dom Pérignon (1638–1715), dem Champagner zu seiner Erlesenheit verhelfen sollte, indem er ihn zum Perlen brachte. In der Tat sind die Perlen im Champagner klösterlicher Herkunft, wenngleich einige nicht ganz zu Unrecht einwenden, dass die Champagnerflasche ein europäischer „Verschnitt" sei: Die Glasflasche selbst ist eine Erfindung der Engländer; das schwarze, dicke Glas wurde mittels einer in Argonne (zwischen Meuse und Aisne) entwickelten Technik hergestellt. Die Erfindung des Korkens wird zwei katalonischen Mönchen zugesprochen, die damit ihre Feldflaschen verschlossen. Seine Verwendung zum Bändigen des Champagners verdanken wir schließlich dem kühnen Dom Pérignon.

Die Herkunft des Cidre

Obwohl bereits in der Bibel erwähnt, musste der Cidre noch einen langen Weg zurücklegen, bis er schließlich in die Normandie gelangte. Der heilige Hieronymus (342–420) berichtete, dass die Hebräer Cidre als Luxusgetränk ansahen. Der heilige Augustinus (4.–5. Jahrhundert), der in Hippo Regius, der Hauptstadt des historischen Numidiens (östliches Algerien) lebte, sprach vom „Cidre der Afrikaner". Thierry II, König von Burgund und Orléans von 595 bis 613, servierte ihn dem heiligen Columban (Gründer des Klosters Luxeuil-les-Bains, 590 n. Chr.). Karl der Große (742–814) schließlich spricht in seinen Kapitularien auch vom „poiré", zu Deutsch Birnenmost, denn Cidre wurde sowohl aus Birnen als auch aus Äpfeln („pommé") gewonnen. Das Getränk gelangte angeblich durch die Barbaren ins spanische Baskenland und erreichte schließlich im 11. Jahrhundert die Normandie.

Ersatzgetränk Bier

Vor dem Aufkommen des Bieres tranken die Mönche ein „cervoise" genanntes, dem Bier ähnliches Gebräu. Es wurde auf der Basis von vergorenem Hafer, Roggen, Dinkel, aber auch Gerste hergestellt und diente als Ersatz für den Wein, wenn dieser zur Neige ging, sowie als nächtlicher Durstlöscher. Es wurde zusätzlich mit Ingwer, Himbeeren und Gewürzen aromatisiert, die der Refektoriar bereitstellte. Alle Klöster, besonders aber die im Norden Europas, betrieben Bierbrauerei. Das Streben nach einer längeren Haltbarkeit des Gebräus ließ den mönchischen Forschergeist bald den Hopfen entdecken, den sie im dreijährigen Fruchtwechsel anbauten.

Der Brauer, Ausschnitt aus dem Buch *Künstler und Handwerker* von Jost Amman (1568).

Man kann also durchaus behaupten, dass ab dem 9. Jahrhundert in den Klöstern Bier gebraut wurde, auch wenn die Bezeichnung Bier sich in Frankreich erst im 15. Jahrhundert durchsetzte. Bis dahin bezeichnete der Begriff „cervoise" beide Produkte.

Bier war also eine Erfindung der Benediktiner, und das in den Klöstern gebraute Bier war wegen seiner hohen Qualität besonders beliebt. Und selbst wenn der heilige Ludwig IX. Bier nur zur Kasteiung trank, die Mönche und Nonnen scheinen das Gebräu geschätzt zu haben und tranken bis zu drei Liter täglich, sogar von bis zu sieben Litern pro Tag ist im 15. Jahrhundert die Rede. Die Klöster, denen die privaten Brauer bereitwillig ihre eigene Bierproduktion in Obhut gaben, richteten Bierstuben ein, um besser „über das Heil der Seelen zu wachen". Dort konnte jeder unter dem wachsamen Auge der Mönche seinen Durst und auch seinen Hunger stillen – eine wirklich großzügige Geste!

Schnäpse, Liköre, Heiltränke

Welch eine Leistung, an einem Ort nüchtern zu bleiben, an dem es in allen Winkeln alkoholische Getränke im Überfluss gibt. Denn neben dem Weinkeller und der Brauerei beherbergte das Kloster noch einen weiteren Ort der Versuchung: die Apotheke. Die Mönche stellten dort mit großem Eifer die „cordiaux" her, die, wie ihr Name im Französischen bereits verrät, das Herz stärken und daher jedem, der der Versuchung erliegt, ein reines Gewissen belassen. So durften zum Beispiel die Mönche in Cluny an Feiertagen ohne vorherige Genehmigung mit Honig gesüßten Absinth trinken.

Die Herstellung der durch die Kreuzzüge nach Europa gelangten hochprozentigen Alkoholika war im Mittelalter ausschließlich den Apothekern vorbehalten. Auch auf diesem Gebiet waren die

Mönche wieder einmal die Wegbereiter. Sie waren die Ersten, die den ursprünglich aus Ägypten stammenden Destillierkolben verwendeten. Sie besaßen Heilkräuter, Getreide, Früchte, Gewürze, Zucker, alten Wein und beherrschten die nötige Technik. Die apostolischen Kleriker des heiligen Hieronymus, deren Kongregation im Jahre 1367 gegründet wurde, gelten wegen ihrer regen Schnapsbrennerei als „Väter des Eau-de-vie".

Einige Klosterspezialitäten

Sie sind kaum zählbar: der „Trappistine" (von den Trappisten hergestellter Likör); der Heiltrank des Pater Gaucher; der „Kirsch", der angeblich das Verdienst eines Mönches ist, der auf der Suche nach einem Mittel gegen die Cholera auf die Idee kam, Kirschmost zu brennen; unklar ist, ob er aus dem Kloster Fongombault stammte, dessen Spezialität der „Kirsch" ist. Der starke und anregende „Chartreuse" wird noch heute von den Kartäusern in dem 1084 gegründeten Mutterkloster hergestellt. Um den „Bénédictine" rankt sich eine umstrittene Geschichte: Im Jahr 1510 soll Dom Vincelli aus der Abtei in Fécamp diesen Kräuterlikör erstmals seinem Destillierkolben entlockt und damit einen Bruder, der einen Schlaganfall erlitten hatte, gerettet haben. Doch die magische Rezeptur fiel leider der Revolution zum Opfer. Erst im Jahre 1863 wurde sie von einem Weinhändler namens Alexandre le Grand wieder entdeckt und die Produktion des 23-Kräuter-Likörs erneut aufgenommen. Wir verdanken ihm Genesung, Lebenskraft und Gesundheit. *Deo gratias!*

Zu guter Letzt das Wasser!

Bei trockenem Brot und Wasser lebten die Mönche entweder aus Buße oder während einer sehr kurzen Fastenperiode. Doch wurde Wasser nur selten in seinem natürlichen Zustand getrunken. Zahlreiche Duftessenzen verliehen ihm ein delikates Aroma. Zu den bekanntesten zählt das Rosenwasser, das aus frischen oder getrockneten Duftrosen hergestellt wurde. Es fand auch bei der Zubereitung zahlreicher Speisen Verwendung. Das angeblich von den Johannitern von Rhodos stammende Orangenblütenwasser dient noch heute als Beruhigungsmittel für Neugeborene. Das Melissen-Wasser, auch „Wasser der unbeschuhten Karmeliter" (Karmeliter-Wasser) genannt, wurde aus der in den Gärten der Karmeliter in der Rue de Vaugirard in Paris wachsenden Melisse hergestellt. Komplettiert wird die Liste der aromatisierten Heilwässer mit dem Wermut (bitterer Beifuß), Fenchel, Rüben, Ysop, Nelken, Anis, Zimt, Kirschen, Aprikosen, grüne Nüsse ... Für jedes Wehwehchen gab es das geeignete Heilwasser.

Als kleine Anekdote möchte ich noch hinzufügen, dass die Patres ihren Mönchen in der Wüste nur ein begrenztes Quantum Wasser zugestanden. Nicht etwa, weil das Wasser nicht trinkbar war – auch wenn das bisweilen der Fall gewesen sein mag –, sondern weil sie festgestellt hatten, dass übermäßiger Wassergenuss, vor allem am Abend, ihren Willen zur Keuschheit schwächte ... Die Quelle des Lebens muss diese Eigenschaft im Laufe der Zeit wohl eingebüßt haben, um schließlich schlichtes Trinkwasser, mit oder ohne Kohlensäure, vor allem aber Getränk der Engel und Weihwasser zu werden.

Dieses Weinsieb diente dazu, die Gewürzrückstände der aromatisierten Weine herauszufiltern.

Himbeerwein

In Cluny erhielt der Prior während der Fastenzeit zusätzlich zu seinen zwei „justes" eine weitere, mit Salbei aromatisierte „juste" Wein. Salbeiwein scheint es zu einigen Ehren gebracht zu haben. In Fleury wurde er zum Fest des heiligen Klemens (23. November) in einer Silberschale zubereitet und auf dem Altar geweiht, bevor man ihn ins Refektorium brachte.

❖ 2 kg Himbeeren
❖ 20 g Bierhefe
❖ 1,4 Liter Wasser
❖ 800 g Zucker

Die Himbeeren zerdrücken.

Die Bierhefe in 200 ml lauwarmem Wasser auflösen. Das restliche Wasser hinzugießen und mit dem Zucker sowie den Früchten gut vermengen.

Die Mischung an einem 15 bis 20 °C warmen Ort etwa 20 Tage gären lassen.

Den vergorenen Himbeersaft durch einen Filter abseihen, in Flaschen füllen und luftdicht verschließen. Den Wein 2–3 Monate reifen lassen, in kleine Flaschen umfüllen und verkorken.

Der Himbeerwein kann bereits jung getrunken werden und ist einige Jahre lagerfähig.

Auf gleiche Weise lässt sich Orangen-, Quitten- oder Erdbeerwein herstellen.

Sauce nuitonne

„Die Farbe der Mönchskutte war, wie die des Ackers, auch die Farbe der Saucen."

❖ 2 Liter trockener
   Rotwein
❖ 100 ml Öl
❖ 3 Möhren, gehackt
❖ 1 Zwiebel, gehackt
❖ 2 Knoblauchzehen,
   mit Schale
❖ 1 Schalotte, zerdrückt
❖ 200 g Kalbsparüren
❖ 2 Stücke
   Ochsenschwanz
❖ 1 Bouquet garni
❖ 1 Liter Geflügelbrühe
❖ 300 ml Bratensaft
❖ 50 g Sardellenbutter
❖ Salz, Pfeffer

In einer Kasserolle den Wein erhitzen und flambieren, damit er seine Herbheit verliert und der Alkohol verbrennt.

In einer Pfanne das Öl erhitzen. Das gesamte Gemüse darin anschwitzen, die Kalbsparüren und Ochsenschwanzstücke hinzufügen und Farbe nehmen lassen. Abtropfen lassen und in einen Schmortopf umfüllen. Das Bouquet garni einlegen und ⅓ des Rotweines, ⅓ der Geflügelbrühe und den Bratensaft zugießen. Zum Kochen bringen und um die Hälfte einkochen lassen.

Die restliche Flüssigkeit einfüllen, den Schmortopf mit einem Deckel nicht ganz schließen und alles bei schwacher Hitze 1 Stunde köcheln lassen. Durch ein feines Sieb passieren, dabei das Fleisch gut ausdrücken. Die Sardellenbutter unter die Sauce montieren; mit Salz und Pfeffer abschmecken.

*Detail aus den Szenen
aus dem Leben des heiligen
Benedikt von Sodoma.*

Veilchen-Met

Der „Hydromel" (Met) war ein Erfrischungsgetränk, das es in den Klöstern nur an Feiertagen gab. Vergorener Met wurde „hydromel vineux" genannt. Es gab ihn in den unterschiedlichsten Geschmacksrichtungen mit Zimt, Zitronenzeste, verschiedenen Blüten und Gewürzen.

❖ 100 g Veilchen-
blüten
❖ 300 ml Wasser
❖ 300 g Honig

Die Veilchenblüten 15 Minuten in dem kochenden Wasser ziehen lassen. Den Honig unterrühren.
    Das Gemisch 24 Stunden ziehen lassen, durch ein feines Sieb passieren und in kleine Flaschen füllen.

Mit Glühwein vermischt, ist der Veilchen-Met ein gutes Mittel gegen Halsschmerzen.

Kräutergeist

An sehr kalten Wintertagen tranken die Mönche eine Art Glühwein mit Honig und Zimt. Erhitzt wurde er entweder über dem Feuer, mit einem sehr heiß gerösteten Stück Brot, das man hineintunkte, oder sogar mit einem glühenden Schürhaken, den man eintauchte.

❖ 500 ml klaren Schnaps
❖ 7,5 g Thymian
❖ 2,5 g Muskatblüte
❖ 2,5 g Koriander
❖ 3,7 g Zimt
❖ Schale von kandierten
  Kirschen
❖ 700 ml Wasser
❖ 625 g Zucker
❖ Karmin (roter Farbstoff)

Den klaren Schnaps in eine bauchige Flasche füllen und den Thymian sowie die Gewürze 5 Tage darin ziehen lassen.
    Aus dem Wasser und dem Zucker einen Sirup kochen und mit dem aromatisierten Schnaps vermischen.
    Den Kräutergeist mit dem Karmin rosa einfärben.

Rosengeist

Die heilige Hildegard (1098–1179), Gründerin und Äbtissin des Klosters Rupertsberg bei Bingen, empfahl Rosengeist anstelle von Hopfen, „der die Melancholie verschlimmert und die Gottesfürchtigen anstiftet …" (Kapitel LXI aus ihrem Buch „De Plantis").

❖ 2 kg Blütenblätter von
  Duftrosen
❖ 1,2 Liter 85-prozentiger
  Alkohol
❖ 780 ml Wasser

Die Blütenblätter 48 Stunden in dem Alkohol ziehen lassen. Das Wasser hinzufügen. Die Mischung vollständig destillieren und anschließend mit so viel destilliertem Wasser auffüllen, dass Sie 1,2 Liter Rosengeist erhalten.

Das Destillieren erfordert einigen Aufwand. Sie können den Rosengeist (oder Rosenwasser) genauso gut in einem Feinkostgeschäft kaufen.

Kräuteressig

- ❖ 1 Knoblauchknolle
- ❖ 5 Schalotten
- ❖ 3 Lorbeerblätter
- ❖ 5 Gewürznelken
- ❖ 5 g Meersalz
- ❖ 4 g Pfefferkörner
- ❖ 15 g Pimpinelle
- ❖ 7 g Minze
- ❖ 3 g Melisse
- ❖ 2,5 Liter Weinessig

Der Essig ersetzte den „Verjus", bei dem es sich um nichts anderes als um sauren Trauben-most oder einen Saft aus Kräutern, wie zum Beispiel Sauerampfer, handelte.

Den Knoblauch und die Schalotten schälen und hacken.
   In einem großen Einmachglas die Gewürze (die Pfefferkörner im Mörser zerdrücken) und Kräuter 50 Tage in dem Essig ziehen lassen. Von Zeit zu Zeit durchrühren. Durch ein Sieb abgießen und in Fläschchen füllen.

Der Essig kann zum Würzen von Salaten und als Reduktion für Saucen verwendet werden.

Apfelsaft

Der Saft von Äpfeln galt als Mittel gegen die Melancholie.
   Glaubt man dem Franziskanermönch und „Wunderdoktor" Roger Bacon (1214 – 1294), so ist „der Cidre ein gesünderes und weniger schädliches Getränk als Wein".

- ❖ 5 kg Mostäpfel
- ❖ 500 g Zucker
- ❖ 5 Liter Wasser
- ❖ Abgeriebene Schale
   von 1 unbehandelten
   Zitrone

Die Äpfel in ein Tuch aus Leinen wickeln.
   Die Äpfel mit einer Teigrolle zerdrücken und 24 Stunden kalt stellen.
   Die zerdrückten Äpfel mit dem Zucker, dem Wasser und der Zitronenschale in ein großes Gefäß füllen und 5–6 Stunden unter gelegentlichem Umrühren ziehen lassen. Den Saft abseihen.
   Man kann den Apfelsaft als Erfrischungsgetränk servieren oder mit 5 Blatt Gelatine zu einem Gelee verarbeiten.

Lässt man den Saft gären, so erhält man Cidre.
   Die gleiche Zubereitung gelingt auch mit Birnen, Pfirsichen, Himbeeren ...

Glühwein „Sankt Mauritius"

- ❖ 2 Liter trockener
   Weißwein
- ❖ 150 g Zucker
- ❖ 5 cl Kirschwasser
- ❖ 1 Zimtstange
- ❖ 2 Gewürznelken
- ❖ Unbehandelte
   Schalenstreifen von
   ½ Orange, ½ Zitrone
   und ¼ Grapefruit
- ❖ Fenchelkraut
- ❖ 15 Branntweinkirschen

Der gewürzte Rotwein oder auch der mit Ingwer, Zimt, Koriander, Muskatblüte, Mandeln und vielem mehr aromatisierte Honigwein scheint der Urahn des heutigen Glühweines gewesen zu sein.

Sämtliche Zutaten miteinander vermengen, aufkochen und ziehen lassen. Mit je einer Kirsche in hitzebeständige Gläser füllen und heiß servieren.

rundbrühen

Für die Herstellung einer Brühe oder eines Fonds schlagen wir folgende schnelle und einfache Zubereitung vor: Die aufgelisteten Zutaten in ein 2 Liter fassendes Einmachglas füllen, mit Wasser auffüllen und 2 Stunden sterilisieren. Abkühlen lassen und durch ein Sieb passieren.

BOUQUET GARNI FÜR BRÜHEN:
- ❖ 2 Knoblauchzehen
- ❖ 1 Stängel Blattsellerie
- ❖ Das Grüne von 1 Lauchstange
- ❖ 1 Zweig Thymian
- ❖ 2 Petersilienstängel
- ❖ 1 Schalotte

Alle Zutaten hacken und vermischen.

ZUTATEN FÜR EINE KALBSBRÜHE:
- ❖ 500 g Kalbsknochen, klein gehackt
- ❖ 500 g Kalbsbrust
- ❖ 100 g Möhren, gehackt
- ❖ 75 g Zwiebeln, gehackt
- ❖ 50 g Tomaten, Samen entfernt
- ❖ 1 Bouquet garni

ZUTATEN FÜR EINE GEFLÜGELBRÜHE:
- ❖ 1 Suppenhuhn, in Stücke zerteilt (Fleisch und Knochen)
- ❖ 100 g Möhren
- ❖ 100 g Zwiebeln
- ❖ Das Grüne von 1 Lauchstange
- ❖ 1 Bouquet garni

ZUTATEN FÜR EINEN FISCHFOND:
- ❖ 4 Merlane, je 200 g, oder besser 800 g Karkassen von Seezunge und Steinbutt
- ❖ 200 g Lauch (nur das Grüne)
- ❖ 100 g Zwiebeln
- ❖ 50 g Champignons
- ❖ 2 Knoblauchzehen
- ❖ 1 Bouquet garni

ZUTATEN FÜR EINE GEMÜSEBRÜHE:
- ❖ 6 mittelgroße Möhren
- ❖ 1 Lauchstange
- ❖ 1 Stängel Blattsellerie
- ❖ 2 weiße Zwiebeln
- ❖ 2 kleine Schalotten
- ❖ 2 ganze Knoblauchzehen
- ❖ 3 Petersilienstängel
- ❖ 1 Zweig Thymian
- ❖ 1 Lorbeerblatt
- ❖ 5 g grobes Salz
- ❖ 10 g Pfeffer

ZUTATEN FÜR EINEN BRATENSAFT (JUS):
- ❖ 1 kg Nacken vom Schwein, Kalb oder Rind oder 1 kg Geflügelklein, zerkleinert
- ❖ 200 g Zwiebeln, gehackt
- ❖ 100 g Möhren
- ❖ ½ Knoblauchzehe
- ❖ 300 ml Wasser

In einer Bratenpfanne das Fleisch in Butter anschwitzen. Das Gemüse hinzufügen und mitschwitzen. Sobald alles eine schöne braune Farbe angenommen hat, das Fett abgießen und mit dem Wasser ablöschen. Zum Kochen bringen und mit einem Holzspatel die Bratenrückstände vom Pfannenboden lösen. Einige Minuten köcheln lassen. Durch ein Sieb passieren und kühl aufbewahren.

ZUCKER KOCHEN:

Stadium	Temperatur*	Eigenschaft
Läuterzucker	98–100 °C	Konzentrierter Zuckersirup
Faden	103–108 °C	Zähflüssig
Kleiner Ballen	114–116 °C	Weiche Kugel
Großer Ballen	123–125 °C	Feste, geschmeidige Kugel
Kleiner Bruch	135–138 °C	Klebende Kugel
Großer Bruch	146–150 °C	Brechende, nicht mehr klebende Kugel

*Die Temperatur lässt sich mit einem Zuckerthermometer messen.

Glossar

Gebete und religiöse Feste

Bittprozessionen: Die drei Tage vor Himmelfahrt.

Brandsonntag: Erster Fastensonntag, an dem man mit Fackeln durch die Straßen zog. In der bourbonischen Tradition Tag der Krapfen und des Lichtes.

Matutin oder Laudes: Die morgendliche Chorgebetsstunde, die täglich drei Lobgesänge umfasste.

None: Das Gebet zur neunten Stunde des Tages; nach antiker Tageseinteilung etwa um 15.00 Uhr.

Prim: Das Stundengebet zur ersten Stunde des Tages. Sie wurde gegen 6.00 Uhr gehalten.

Quatember (die Fasten der vier Jahreszeiten): Bezeichnung für die Bußwochen im Kirchenjahr (die Woche nach Pfingsten, nach Kreuzerhöhung (14. September), dem dritten Advent und nach dem ersten Fastensonntag). Die ersten drei Tage jeder Jahreszeit wurde gefastet.

Quinquagesima: Der fünfzigste Tag vor Ostern und der Sonntag vor dem ersten Fastensonntag.

Septuagesima: Siebzig Tage vor Ostern und drei Sonntage vor dem ersten Fastensonntag.

Sext: Das Gebet zur sechsten Tagesstunde; nach antiker Tageseinteilung gegen 12.00 Uhr.

Terz: Gebet zur dritten Tagesstunde gegen 9.00 Uhr.

Vigil: Bezeichnung für das Gebet in der Nacht. Daneben bezeichnet Vigil auch wachend im Gebet verbrachte ganze Nächte vor großen Feiertagen, z. B. die Vigilien vor Ostern und Pfingsten.

Mahlzeiten, Rationen und Produkte

Cena: Einst zur Mittagsstunde eingenommene Mahlzeit der Römer. Später abendliche Hauptmahlzeit im Kloster.

Dinkel (halb reif auch Grünkern genannt): Weizenart mit kleinen braunen Körnern.

Generelle: Zusätzliche Portion für jeden Mönch.

Hemina: Tägliche Weinration für jeden Mönch. Ihr Maß war vielfach umstritten und schwankte zwischen einem viertel und einem halben Liter.

Hypocras: Zumeist mit Honig gesüßter Rotwein, dem verschiedene Gewürze, Zimt, Ingwer und Pfeffer zugefügt wurden.

Justice: Gefäß, das die Weinration für zwei Mönche enthielt.

Kollation: Bedeutete im 9. Jahrhundert „Zusammenkunft, Beratung, Ansprache". Ab dem 10. Jahrhundert gestand man den Mönchen nach den abendlichen Lesungen der Texte des Johannes Cassian (*Collationes*) ein Glas Wein zu und zu Fastenzeiten auch einen kleinen Imbiss. Daher die seit 1287 bekannte und noch heute geläufige Bedeutung der Kollation (Imbiss, kleine Mahlzeit).

Macis: Orangeroter Samenmantel der Muskatnuss, der auch Muskatblüte genannt wird.

Pietanz: Zusätzliche Ration, die von zwei Mönchen geteilt wurde. Sie wurde vom Abt nicht gesegnet.

Prandium: Hauptmahlzeit an gewöhnlichen Tagen.

Verjus: Saurer, unreifer Traubensaft, der als Essig verwendet wurde.

Ysop: Zier- und Heilpflanze mit anregender Wirkung, kräftigem Duft und einem leicht bitteren Geschmack. Wurde im Mittelalter zum Würzen von Suppen und Farcen verwendet.

Allgemeine Begriffe

Abt: Titel des Leiters eines Klosters und der ranghöchste Mönch der Kommunität.

Armarius: Bibliothekar und Leiter des Skriptoriums eines Klosters. Häufig war er auch Leiter der Schule.

Askese: Geisteshaltung, die nach vollkommener Beherrschung von Geist und Körper strebt, um die Seele zu befreien. Sie verneint sowohl Vergnügen als auch Schmerz und setzt an ihre Stelle die innere Einkehr.

Cellerar: Der Verwalter der gesamten Klosterwirtschaft und der Kommunität, gleichsam wie ein Vater. Er wacht darüber, dass es den Mönchen an nichts fehlt.

Chartularium (Kopialbuch): Sammlung von Urkundenschriften; im Mittelalter von geistlichen und weltlichen Herrschern zumeist zur Sicherung von Rechtstiteln und Privilegien angelegt. Sie enthielten auch Abschriften von Rechtsfällen und Ähnlichem.

Coquinarius: Der Koch unter den Brüdern.

Generalkapitel: Jährliche Versammlungen, auf denen die Äbte des gesamten europäischen Mönchtums zum Gedankenaustausch zusammentrafen.

Kapitular: In der karolingischen Zeit schriftlich verfasste Verordnungen in Kapitelform (die Kapitularien Karls des Großen), aber auch schriftliche Sammlung kurzer Gebete, die nach bestimmten Gottesdiensten rezitiert wurden.

Konversen: Zum mönchischen Leben Bekehrte, die aber nicht der Observanz der Ordensregel unterstanden. Sie arbeiteten häufig auf den Ländereien der Klöster.

Oblaten: Kinder, die von ihren Eltern einem Kloster und damit Gott „dargebracht" (vom lateinischen Wort oblatus = dargebracht) wurden. Diese Kinder wurden im Kloster aufgezogen, unterrichtet und auf Wunsch in die Kommunität aufgenommen. In einem allgemeinen Sinn bezeichnen Oblaten Menschen, die ihr Leben (und auch teilweise die weltlichen Güter) in den Dienst einer religiösen Gemeinschaft stellen.

Ordensregel: Regelbuch, das die Lebensordnung, Gebräuche und zum Teil auch das Gewohnheitsrecht der Ordensverbände und Klöster zusammenfasst.

Prior: Der zweite Obere einer Abtei und Stellvertreter des Abtes.

Zeichensprache: An Orten des Stillschweigens – Kirche, Dormitorium, Refektorium, Küche – verständigten sich die Mönche mittels Zeichensprache. Jedes Zeichen entsprach einem Wort. Ihren Ausgang nahm die Zeichensprache in Cluny.

Bibliographie

Avila-Latourette, Victor-Antoine: *Köstliche Klostermenüs.* Kanisius Verlag, Freiburg (Schweiz) 1999

Avila-Latourette, Victor-Antoine: *Köstliche Klostersuppen für jede Jahreszeit.* Kanisius Verlag, Freiburg (Schweiz) 1997

Birlinger, Anton: *Aus dem Tegernseer Klosterkochbüchlein.* In: Anzeiger für Kunde der deutschen Vorzeit, Bd. XII 1875

Böckenhoff, Karl: *Speisesatzungen mosaischer Art in mittelalterlichen Kirchenrechtsquellen des Morgen- und Abendlandes,* Münster 1907

Ehlert, Trude: *Das Kochbuch des Mittelalters. Rezepte aus alter Zeit.* Zürich 1995

Ekkehard IV. von St. Gallen: *Benedictiones ad mensas. Ungefähr um 1000: gereimte Übersicht über fast alle damals auf die Tafel kommenden Speisen.* Hrsg. Johannes Egli, St. Gallen 1909

Foster, Norman: *Schlemmen hinter Klostermauern.* Hamburg 1980

Hoffmann, Richard: *Fish in an alimentary where meat was taboo.* Thèse, University of York, Ontario

Hofmann, Irmi: *Köstlichkeiten aus Klöstern. In Deutschland, Österreich, der Schweiz und Südtirol.* Ehrenwirth Verlag, München 1996

Holzherr, Dr. Georg (Übersetzer, Abt von Einsiedeln, Einsiedeln/Köln): *Die Benediktsregel.* Benziger Verlag, Zürich 1980

Imbach, Josef: *Was Päpsten und Prälaten schmeckte – und heute noch verbraten wird.* Würzburg 1997

Kochkunst des Mittelalters. Ihre Geschichte und 150 Rezepte des 14. und 15. Jahrhunderts, wieder entdeckt für Genießer von heute. Mit einem Vorwort von Georges

Duby. **Hrsg. Odile Redon, Françoise Sabban und Silvano Serventi.** Wiesbaden 1991

Landis, Eve: *Von himmlischen und irdischen Köstlichkeiten. Rezepte aus verschiedenen Klöstern.* Verlag PhiloXenia, Meilen 1996

Lohmer, Christian: *Ausgewählte Aspekte der mittelalterlichen Ernährung für Mönche; untersucht am Beispiel der monastischen Bestimmungen des Petrus Damiani.* In: Aktuelle Ernährungsmedizin 13 (1988)

Mennell, Stephen: *Die Kultivierung des Appetits. Die Geschichte des Essens vom Mittelalter bis heute.* Frankfurt 1988

Mennell, Stephen: *Français et Anglais à table du moyen âge à nos jours.* Flammarion, Paris 1985

Moulin, Leo: *Augenlust und Tafelfreuden. Essen und Trinken in Europa, eine Kulturgeschichte.* Antwerpen 1989

Papa, Sebastiana: *La cuccina dei monasteri.* Edizioni il Formichiere, Mailand 1978

Pater Anselm (geistlicher „Chefkoch" vom Heiligen Berg): *Kochen für Leib und Seele – Das Kloster Andechs-Kochbuch.*

Tannahill, Reay: *Kulturgeschichte des Essens.* Wien 1973

Tautenhahn, Renate: *Bibelkuchen und Nonnenküsschen: kulinarische Klosterküche. Kochen für Körper, Geist und Seele; klösterliche Esskultur und Rezepte.* Mosaik Verlag, München 1997

Wiswe, Hans: *Kulturgeschichte der Kochkunst. Kochbücher aus 2 Jahrtausenden, mit einem lexikalischen Anhang zur Fachsprache von Eva Hepp.* München 1970

Rezeptregister

Aal- oder Katzenhairagout nach Fastenart 90
Aalpastete, gehaltvolle 90
Akazienblüten-Beignets 159
Alse in der Senfkruste 98
Anisplätzchen 172
Apfel, Backäpfel mit Zimt 51
Apfel-Glacé 52
Apfel, Karamellkäppchen mit Apfelfüllung 50
Apfelsaft 185
Apfel, Veilchen-Apfel-Kompott 164
Aprikosenkuchen mit Zuckerkruste 51

Backäpfel mit Zimt 51
Berberitzenpüree 143
Bettlerterrine mit Feigen 64
Birnen, Williams-Christ-Birnen in Weißweinsirup 55
Birnen, Zitronenbirnen in Gelee nach Karmeliterart 55
Blanc-manger mit Pistazien 63
Blätterteigpastete mit Schneckenrührei und Rotweinsauce 74
Blutwurst mit Kräutern 123
Blutwurst nach Art von Monte Cassino 123
Bratensaft 186
Bratwurst, Coustelettes mit 128
Brötchen, mit Ei und Käse überbacken 75
Brotringe, gebrüht und gebacken 153
Bündner Fleisch 133
Butterspinat „Gourmand" mit kandierter Zitronenschale 31

Christmas Pudding 167
Collive 167
Coustelettes mit Bratwurst 128
Crêpe soufflée mit Zitronen 170

Das einzigartige Püree des heiligen Benedikt 40
Dorsch in Essigbutter 107
Dorsch süßsauer 107

Eier im Höllenfeuer 70
Eier in Honigsirup 162
Eisbein in schwarzer Kruste mit Kräutersauce 125
Ente mit Backpflaumen 137
Erdbeeren, Rhabarber-Erdbeer-Konfitüre 58

Fasan mit Feigen und Sherry 142
Fasaneneier, frittierte, mit Sauce béarnaise 73

Fastensuppe mit Brot 26
Feigen, Bettlerterrine mit 64
Feigen, Fasan mit Feigen und Sherry 142
Feigen mit Lorbeer und Crème fraîche 62
Feiner Zwieback 152
Fenchel, Makkaroni mit Fenchelcreme
    und Walnüssen 45
Fischfond 186
Fladenbrot 152
Forelle blau mit Sauce cameline 96
Forelle „Buffon" 95
Forelle mit Weinsauce 95
Frikassee von jungen Saubohnen und
    Krebsschwänzen 41
Frittierte Fasaneneier mit Sauce béarnaise
    73

Gebackene Knoblauchknollen mit
    Weinbergschnecken 112
Gebackener Karpfen
    „Hartmannswillerkopf" 92
Gebackene Seezungenröllchen mit Curry
    102
Geeiste Weintrauben 60
Geflügelbrühe 186
Gefüllte Blätterteigtäschchen mit Lauch
    34
Gefüllte Kohlblätter mit Perlgraupen 44
Gefüllte Makronen 161
Gehaltvolle Aalpastete 90
Gemüsebrühe 186
Gemüsepfännchen mit Kräutern 37
Geweihtes Brot 150
Gezuckerte Früchte und Blüten 168
Glühwein „Sankt Mauritius" 185

Hauchzarte Orangenplätzchen 164
Hechtmedaillons mit Sauce béarnaise 94
Hering-Kartoffel-Pastete 103
Heringsterrine 104
Himbeerwein 182
Hippengebäck 161
Hopfensprossen-Beignets 30
Hühnertopf „Guter Christ" 141

Jakobine-Suppe 28
Johannisbeerpaste 168
Junger Puter „Heiliger Franziskus" 138
Jus 186

Kabeljau in der Salzteigkruste 106
Kalbsbrühe 186
Kalbsleber „Hospices de Beaune" 132
Kalbsnieren mit Persillade 133
Kaninchengelee und Berberitzenpüree
    143
Kaninchen, Wildkaninchenterrine 143
Kapuzinerbart à la crème 45
Kapuziner-Nougat 63
Karamellbonbons, weiche 171

Karamellkäppchen mit Apfelfüllung 50
Karpfen, gebackener,
    „Hartmannswillerkopf" 92
Käsekuchen, pikanter 82
Käse-Savarin mit Gemüse 83
Katzenhai, Aal- oder Katzenhairagout nach
    Fastenart 90
Kaviar auf Knochenmark 111
Kirchendiener 170
Kirschaufstrich 56
Kirschen, Refektoriumskuchen mit 163
Klippfisch, Wirsing mit 42
Knoblauchknollen, gebackene, mit
    Weinbergschnecken 112
Kohlblätter, gefüllte, mit Perlgraupen 44
Königskuchen 158
Kräuteressig 185
Kräutergeist 184

Lachs im Lauchmantel 99
Lachs in der Pfefferkruste 99
Lachs in Heubouillon 100
Lamm, Osterlamm 130
Lammkeule, panierte 129
Lauch, Gefüllte Blätterteigtäschchen mit
    34
Lauch, Lachs im Lauchmantel 99
Linsen mit Knochenmark 36

Makkaroni mit Fenchelcreme und
    Walnüssen 45
Makronen, gefüllte 161
Mangoldtarte mit zweierlei Käse 82
Marzipan 166
Melone in Karmelitergeist 42
Melonen, Schwarze Karmeliter-Kantalup
    in Essig 59
Möhrenkuchen mit Kreuzkümmel 30
Muschelsuppe „Bilibi" mit Safran 111

Nonnenfürze 158

Obulus mit Parmesan 80
Omelett mit zweierlei Eiern 73
Orangenplätzchen, hauchzarte 164
Osterlamm 130
Ostersuppe 28

Panierte Lammkeule 129
Pastinaken, Pot-au-feu-Terrine mit
    Pastinaken und Pfeffermayonnaise 134
Perlgraupen, Gefüllte Kohlblätter
    mit 44
Perlzwiebelragout mit Geflügelklein 40
Pfefferkuchen 171
Pfirsiche mit rosa Champagnergelee 54
Pikanter Käsekuchen 82
Pistazien, Blanc-manger mit 63
Pochierte Pfeffereier 75
Polenta mit Parmesan und Kräuterbutter 44

Pot-au-feu-Terrine mit Pastinaken und
    Pfeffermayonnaise 134
Poularde mit Lindenblütensauce 136
Püree des heiligen Benedikt, Das einzig-
    artige 40
Puter, junger, „Heiliger Franziskus"
    138

Quitten, Trauben-Quitten-Konfitüre
    nach Klosterart 60

Refektoriumskuchen mit Kirschen 163
Reiscreme mit Trüffeln 29
Reissuppe mit Trüffeln 29
Rhabarber, Schneebällchen in
    Rhabarbersaft 58
Rhabarber-Erdbeer-Konfitüre 58
Rosengeist 184

Salzbrezeln 150
Sardinen auf Blätterteig 110
Saubohnen nach Art von Cluny 41
Saubohnen, Frikassee von jungen 41
Sauce nuitonne 182
Schnecken, Blätterteigpastete mit
    Schneckenrührei und Rotweinsauce 74
Schnecken, Gebackene Knoblauchknollen
    mit Weinbergschnecken 112
Schneebällchen in Rhabarbersaft 58
Schokoladencreme 62
Schwarze Karmeliter-Kantalup in Essig 59
Schweinerücken in Salbeimilch 122
Seezungenröllchen, gebackene, mit Curry
    102
Spargelterrine mit Kräutern 36
Spinatschnittchen nach Art der Zölestiner
    32

Tauben nach Art der Kartäuser 136
Trauben-Quitten-Konfitüre nach Klosterart
    60

Veilchen-Apfel-Kompott 164
Veilchen-Met 184

Waffeln der Vergebung 159
Walnusscreme 64
Weiche Karamellbonbons 171
Weintrauben, geeiste 60
Wildkaninchenterrine 143
Williams-Christ-Birnen in Weißweinsirup
    55
Windbeutelchen mit Roquefortcreme 80
Wirsing mit Klippfisch 42

Zander mit Lorbeer 92
Zitronenbirnen in Gelee nach Karmeliter-
    art 55
Zucker kochen 186
Zwieback, feiner 152

Bildregister

Seite 6: Der Baum der Liebe, das Paar im Mittelalter, Miniatur aus einem Manuskript aus dem 13. Jahrhundert; Paris, Bibliothèque Sainte Geneviève (ms. 2200 fol. 198 v°).

Seite 8: Sodoma (1477–1549), *Szenen aus dem Leben des heiligen Benedikt*, Ausschnitt aus einem Fresko von 1505–1508; Kloster Monte Oliveto Maggiore.

Seite 11: Refektoriumsmesser aus Italien, 16. Jahrhundert; Musée d'Écouen.

Seite 13: Giovanni Stradano (1525–1605), Ansicht von Vallombrosa; Villa Pazzi.

Seite 15: Mönchsrefektorium; Mont-Saint-Michel, La Merveille.

Seite 16: Außenansicht der Küche des Klosters Marmoutier bei Tours, Stich aus dem 19. Jahrhundert.

Seite 18: Marktszene, Fresko aus dem 15. Jahrhundert; Château d'Issogne.

Seite 19: Giovanna Garzoni (1600–1670), *Teller mit Saubohnen*, Ausschnitt; Florenz, Galeria Palatina.

Seite 20: Gemüsegarten; Saint-Père-sous-Vézelay.

Seite 21: Io Starnina (1354–1413), *Thebais*, Ausschnitt; Florenz, Galleria degli Uffizi.

Seite 22: Umgraben und Pflanzen, Miniatur aus dem *Rustican* von Pietro de Creszenci, 1460; Chantilly, Musée de Condé.

Seite 23: Kürbisernte, Miniatur aus dem *Tacuinum sanitatis*, 15. Jahrhundert; Paris, BNF (nal. 9333 fol. 20).

Seite 24: Möhrenernte, Miniatur aus dem *Tacuinum sanitatis*, 15. Jahrhundert; Paris, BNF (nal. 9333 fol. 25).

Seite 25: Spargel, Miniatur aus dem *Tacuinum sanitatis*, 15. Jahrhundert; Paris, BNF (nal. 9333 fol. 26).

Seite 26: Erbsen, Miniatur aus dem *Tacuinum sanitatis*, 15. Jahrhundert; Paris, BNF (nal. 1673 fol. 43).

Seite 29: Jaime Ferrer, *Das Abendmahl*, Ausschnitt aus dem Gemälde der S. Constança de Linya, 15. Jahrhundert; Solsona, Spanien, Diözesanmuseum.

Seite 31: Spinat, Miniatur aus dem *Tacuinum sanitatis*, 15. Jahrhundert; Paris, BNF (nal. 9333 fol. 24).

Seite 34: Lauch, Miniatur aus dem *Tacuinum sanitatis de sex rebus* von Ibn Botlan, 15. Jahrhundert; Rouen, Bibliothèque municipale (ms. Leber 1088).

Seite 41: Miniatur aus *Decamerone* von Boccaccio (1432); Paris, Bibliothèque de l'Arsenal (ms. 5070).

Seite 44: Illustration aus dem Nouveau Larousse illustré, Anhang, 1910.

Seite 45: Teigwarenherstellung, Miniatur aus dem *Tacuinum sanitatis*, 14. Jahrhundert; Paris, BNF.

Seite 46: Marktszene, Fresko aus dem 15. Jahrhundert; Château d'Issogne.

Seite 47: Melonen, Miniatur aus dem *Tacuinum sanitatis de sex rebus* von Ibn Botlan, 15. Jahrhundert; Rouen, Bibliothèque municipale (ms. Leber 1088).

Seite 48: Granatapfelbaum, Miniatur aus dem *Tacuinum sanitatis de sex rebus* von Ibn Botlan, 15. Jahrhundert; Rouen, Bibliothèque municipale (ms. Leber 1088).

Seite 49: Der Obstgarten, Miniatur aus dem *Livre des propriétés et des choses* von Barthélemy l'Anglais, 15. Jahrhundert; Paris, BNF (ms. Fr. 9140 fol. 289 v°).

Seite 51: Zimthändler, Miniatur aus dem *Tractatus de herbis* von Dioskurides, 15. Jahrhundert; Modena, Biblioteca Estense (ms. lat. 99L.9.28 fol. 36 v°).

Seite 52: Miniatur aus einem *Psalmenbuch*, 13. Jahrhundert; Paris, Bibliothèque Sainte Geneviève.

Seite 54: „Februar: Das Zurückschneiden der Bäume", Miniatur aus dem *Brevarium ad usum fratrum minorum mediolanensium*, 14. Jahrhundert; Paris BNF.

Seite 56: Kirschernte, Miniatur aus dem *Compendium de plantis medicinales*, Italien, 14. Jahrhundert, London, British Library (ms. Sloane 4016 fol. 30).

Seite 59: Melone, Miniatur aus dem *Tacuinum sanitatis de sex rebus* von Ibn Botlan, 15. Jahrhundert; Rouen, Bibliothèque municipale (ms. Leber 1088).

Seite 62: Ligozzi Iacopo (um 1542–1632), *Vögel auf einem Feigenzweig*, Ausschnitt; Florenz, Gabinetto dei Disegni e delle Stampe.

Seite 64: Huhn auf einer Walnuss, Miniatur aus *des Heures d'Antoine le Bon, duc de Lorraine*, 1533, Paris, BNF.

Seite 66: Huhn, Miniatur aus dem *Theatrum Sanitatis*; Rom, Biblioteca Casanatense.

Seite 67: Jean-Baptiste Siméon Chardin (1699–1779), *Küchenutensilien: Kessel, Kasserolle und Eier*, Ausschnitt; Paris, Musée du Louvre.

Seite 68: Der Hühnerhof, Miniatur aus dem *Livre des propriétés et des choses* von Barthélemy l'Anglais, 15. Jahrhundert; Paris, BNF (ms. Fr. 9140 fol. 211).

Seite 69: Hieronymus Bosch (um 1450–1516), *Das Konzert im Ei*; Lille, Musée des Beaux-Arts.

Seite 72: Gänse, Miniatur aus dem *Tacuinum sanitatis*, 15. Jahrhundert; Paris, BNF.

Seite 74: Ausschnitt aus einer Miniatur aus *Livre des simples médecines* von François Avril; Paris, BNF (Faksimile fol. 647 S.19).

Seite 76: Der Monat Juni, Käseherstellung aus dem Freskenzyklus der Monatsbilder; Trient, Castello del Buonconsiglio.

Seite 77: Das Einsalzen, Ausschnitt, Fresko aus dem 15. Jahrhundert; Château d'Issogne.

Seite 78: Käseherstellung, Miniatur aus dem *Tacuinum sanitatis*, 15. Jahrhundert; Paris, BNF (nal. 1673 fol. 50).

Seite 79: Kalender: Die zwölf Monatsarbeiten, Ausschnitt, Miniatur aus dem *Rustican* von Pietro de Creszenci, um 1460; Chantilly, Musée de Condé (ms. 340/603 n° 13).

Seite 84: Der Fischhändler; Padua, Palazzo della Ragione.

Seite 85: Flasche und Hering, Ausschnitt, Gemälde aus dem 17. Jahrhundert; Le Havre, Musée des Beaux-Arts André Malraux.

Seite 86: Giotto di Bondone (1267–1337), *Aus dem Leben des heiligen Franziskus, Tod des Tommaso da Celano*; Assisi, Basilika San Francesco.

Seite 87: Fischfang mit dem Netz, Miniatur aus den *Fabeln* von Bidpai, 1480; Chantilly, Musée de Condé.

Seite 88: Fischmarkt, Ulrich von Richental, Chronik des Konstanzer Konzils, 15. Jahrhundert; Prag, Staatliche Universitätsbibliothek.

Seite 89: Das Salz, *Der Garten der Gesundheit* von J. Cuba, 16. Jahrhundert; Paris, Petit Palais.

Seite 91: Georg Flegel (1563–1638), *Stillleben mit Fischen*, Ausschnitt; Paris, Musée du Louvre.

Seite 93: Das Einsalzen von Fisch, Miniatur aus dem *Tacuinum sanitatis*, 15. Jahrhundert; Paris, BNF.

Seite 94: Weinverkostung, Miniatur aus dem *Tacuinum sanitatis*, 15. Jahrhundert; Paris, BNF.

Seite 98: „Le Poisson de Rabelais", Illustration aus *La Cuisine des familles*, 5. August 1906.

Seite 102: Fischfang mit dem Netz, Miniatur aus *Über das Fischen und das Jagen* von Oppien, 11. Jahrhundert; Venedig, Biblioteca Marciana.

Seite 107: Essig, Ausschnitt, Miniatur aus dem *Tacuinum sanitatis*, 15. Jahrhundert; Paris, BNF.

Seite 110: Grillrost für Fisch, 17. Jahrhundert; Paris, Musée de Cluny.

Seite 112: Knoblauch, Miniatur aus dem *Tacuinum sanitatis de sex rebus* von Ibn Botlan, 15. Jahrhundert; Rouen, Bibliothèque municipale (ms. Leber 1088).

Seite 114: Das Einsalzen, Fresko aus dem 15. Jahrhundert; Château d'Issogne.

Seite 115: Christian Berentz (1658–1726), *Das vornehme Mahl*; Ausschnitt, Rom, Galleria Nazionale d'Arte Antica.

Seite 116: „Les moines devant le bœuf écorché", Stich von Gustave Doré.

Seite 117: „November: Die Eichelernte", Ausschnitt aus einer Miniatur der Kalenderbilder *Très Riches Heures du duc de Berry* von Pol und Hermant Limburg, 15. Jahrhundert; Chantilly, Musée de Condé.

Seite 118: Das Tranchieren des Fleisches, Miniatur aus dem *Psalmenbuch von Luttrell* von Sir Geoffrey Luttrell von Irnham, um 1340; London, British Library (ms. Add 42130 fol. 2067 v°).

Seite 120: Der fette Ochse und der Karneval in Paris, Bilderbogen aus der Imagerie de Pellerin in Épinal, 1856; Paris, BNF.

Seite 121: Eigenschaften der Vögel, Miniatur aus *Livre des proprietés et des choses* von Barthélémy l'Anglais, 15. Jahrhundert, Amiens, Bibliothèque municipale.

Seite 122: Kalender: Die zwölf Monatsarbeiten, Ausschnitt, Miniatur aus dem *Rustican* von Pietro de Crescenzi, um 1460; Chantilly, Musée de Condé (ms. 340/603 n°13).

Seite 124: Tischszene, Miniatur aus dem *Tacuinum sanitatis*, 15. Jahrhundert; Paris, BNF (nal. 1673 fol. 78 v°).

Seite 128: Die Metzger, Ausschnitt, 15. Jahrhundert, Kirchenfenster von Notre-Dame in Semur-en-Auxois.

Seite 129: Grasendes Vieh auf einer Weide, Miniatur aus dem *Rustican* von Pietro de Crescenzi, 1460, Chantilly, Musée de Condé.

Seite 132: Joseph Bail, *Cuisine des hospices de Beaune, L'Heure de la distribution*, Salon von 1910.

Seite 137: Zwei Männer braten Fleisch an einem Spieß, Miniatur aus dem *Psalmenbuch von Luttrell* von Sir Geoffrey Luttrell von Irnham, um 1340; London, British Library (ms. Add 42130 fol. 2067 v°).

Seite 140: Hahn und Henne, romanische Kunst; Neapel, Nationalmuseum.

Seite 142: Fasan, Miniatur aus dem *Tacuinum sanitatis*, 15. Jahrhundert; Paris, BNF (nal. 1673 fol. 67).

Seite 143: Stillleben mit Kaninchen, romanische Kunst; Neapel, Nationalmuseum.

Seite 144: Jaime Ferrer, *Das Abendmahl*, Ausschnitt aus dem Gemälde der S. Constança de Linya, 15. Jahrhundert; Solsona, Spanien, Diözesanmuseum.

Seite 145: Jaime Ferrer, *Das Abendmahl*, Ausschnitt aus dem Gemälde der S. Constança de Linya, 15. Jahrhundert; Solsona, Spanien, Diözesanmuseum.

Seite 146: Giovanni Boccati (um 1420–1490), *Das Leben des Saint Sabin*; Urbino, Pallazzo Ducale.

Seite 147: Obst- und Getreidehändler, Ausschnitt, Lombardische Schule, Miniatur aus *De Sphaera*, 15. Jahrhundert; Modena, Biblioteca Estense.

Seite 148: Bäckerei, Miniatur aus *Decamerone* von Boccaccio (1432); Paris, Bibliothèque de l'Arsenal (ms. 5070 fol. 223 v°).

Seite 149: *Der Bäcker*, Fresko aus dem 15. Jahrhundert; Château d'Issogne.

Seite 152: Die Initiale Q, Zisterziensermönch bei der Feldarbeit, Miniatur aus *Moralium in Job* von Gregor Magni, 12. Jahrhundert; Dijon, Bibliothèque municipale (ms. 170 fol. 75).

Seite 154: Adolf Humborg, *Die Vorbereitung des Festes*, Ausschnitt, 19. Jahrhundert; Privatsammlung.

Seite 155: Adolf Humborg, *Die Vorbereitung des Festes*, Ausschnitt, 19. Jahrhundert; Privatsammlung.

Seite 157: Jan Steen (1626–1679), *Das Dreikönigsfest*, 1660; Kassel, Staatliche Kunstsammlung.

Seite 159: Waffelzange; Paris, Musée de Cluny.

Seite 162: Miniatur; Paris, BNF (ms. Fr. 1877 fol. 42 v).

Seite 166: Birnen, Miniatur aus *Spiegel der Natur* von Vincent de Beauvais, 15. Jahrhundert; Laon, Bibliothèque municipale (ms. 426).

Seite 174: Taddeo Gaddi (1295/1300–1366), *Das Mahl des Pharisäers*, Ausschnitt; Florenz, Museum Santa Croce.

Seite 175: Weinverkostung, Ausschnitt, Miniatur aus dem *Tacuinum sanitatis*, 15. Jahrhundert; Paris, BNF (nal. 1673 fol. 15).

Seite 176: Das Ernten und Keltern des Weines, Miniatur aus dem *Tacuinum sanitatis*, 15. Jahrhundert; London, British Library (nal. 1673 fol. 103 v°).

Seite 177: Tasse des heiligen Bernhard, Holz und Silber, möglicherweise im 14. Jahrhundert vergoldet; Dijon, Musée des Beaux-Arts.

Seite 178: Weinfest, Miniatur aus *Golf Book* von Simon Bening, 1540; London, British Library (ms. Add 24098 fol. 27).

Seite 179: Lorenzo (um 1374–1420) und Iacopo (?–1427) Salimbeni, *Szenen aus dem Leben des Johannes des Täufers*, Ausschnitt, 1416; Urbino, Oratorio di Giovanni Battista.

Seite 180: Jost Amman (1539–1591), *Künstler und Handwerker*, 1568; Paris, Musée du Petit Palais.

Seite 181: Weinsieb, Bronze, galloromanische Epoche; Metz, Musée d'Art et d'Histoire.

Seite 183: Sodoma (1477–1549), *Szenen aus dem Leben des heiligen Benedikt*, Ausschnitt aus einem Fresko von 1505–1508; Kloster Monte Oliveto Maggiore.

Seite 184: Jaime Ferrer, *Das Abendmahl*, Ausschnitt aus dem Gemälde der S. Constança de Linya, 15. Jahrhundert; Solsona, Spanien, Diözesanmuseum.

Bildnachweis

AMIENS, **Bibliothèque municipale**: 121 – DIJON, **Musée des Beaux-Arts**: 177 – FLORENZ, **Scala**: 8, 13, 18, 19, 21, 46, 47, 62, 66, 76, 77, 84, 85, 86, 91, 114, 115, 140, 146, 149, 174, 179, 183 – LAON, **Bibliothèque municipale**: 166 – METZ, **Musée d'Art et d'Histoire**: 181 – PARIS, **AKG Photo**: 118, 137; **BNF**: 24, 25, 26, 31, 45, 49, 68, 72, 74, 78, 93, 94, 107, 124, 142, 143, 162, 175; **Bulloz**: 88, 89, 116, 180; **J.-L. Charmet**: 6, 23, 120; **Collection Kharbine-Tapabor**: 44; **Dagli Orti**: 29, 144, 145, 184; **DR**: 98; **Edimedia**: 41, 52, 54, 64, 148, 154, 155; **Giraudon**: 15, 51, 102, 117, 147, 157; **Bridgeman-Giraudon**: 56, 176, 178; **Hiegel-Giraudon**: 152; **Lauros-Giraudon**: 22, 79, 87, 122, 128, 129; **RMN**: 11, 110, 159; H. Lewandowski: 67; Quecq d'Henripret: 69; **Roger-Viollet**: 16, 132 – ROUEN, **Bibliothèque municipale**: 34, 48, 59, 112.

Aus dem Französischen übersetzt von Helmut Ertl
Redaktion: Inken Kloppenburg Verlags-Service, München
Korrektur: Petra Tröger
Umschlaggestaltung: Caroline Georgiadis
Herstellung: Dieter Lidl
Satz: Studio Fink, Gräfelfing

Copyright © 2001 der deutschsprachigen Ausgabe
by Christian Verlag, München
www.christian-verlag.de

Die Originalausgabe mit dem Titel *La cuisine des Monastères* wurde erstmals 1999 im Verlag Éditions de La Martinière, Paris, veröffentlicht.

Copyright © 1999 by Éditions de La Martinière, Paris
Text: Marc Meneau & Annie Caen
Grafische Gestaltung: Nathalie Saigot
Fotos: Daniel Czap

Druck und Bindung: Artes Graficas, Toledo
Printed in Spain

Alle deutschsprachigen Rechte vorbehalten

ISBN 3-88472-490-8

Danksagung

Zu Ehren und in Erinnerung an Léo Moulin, dessen große Gelehrsamkeit uns Unterstützung und Ansporn bei unseren Recherchen war.
Wir möchten all jenen danken, die uns bei der Entstehung dieses Buches unterstützt haben:
Hubert Aynard, Kloster Fontenay;
Daniel und Maryline Czap, Fotografen;
Pascal Diebold, Antiquitätenhändler in Semur-en-Auxois;
Terryl N. Kinder, Kloster Pontigny;
Pater Louis Soltner, Kloster Solesme, sowie allen anderen Patres der verschiedenen Klöster, die uns empfangen haben, besonders Saint-Benoît de Fleury, Cîteaux, Notre-Dame de Tamié;
den Mitarbeitern von l'Espérance für ihre großzügige und effektive Hilfe.